财政激励与企业绩效

基于"中国企业—劳动力匹配调查"的实证研究

宋菲菲 著

中国财经出版传媒集团
中国财政经济出版社

图书在版编目（CIP）数据

财政激励与企业绩效：基于"中国企业-劳动力匹配调查"的实证研究／宋菲菲著．--北京：中国财政经济出版社，2021.11

ISBN 978-7-5223-0798-5

Ⅰ．①财… Ⅱ．①宋… Ⅲ．①财政补贴-影响-企业绩效-研究-中国 Ⅳ．①F279.23

中国版本图书馆CIP数据核字（2021）第190945号

责任编辑：郭爱春	责任校对：张 凡
封面设计：育林华夏	责任印制：张 健

财政激励与企业绩效
CAIZHENG JILI YU QIYE JIXIAO

中国财政经济出版社 出版

URL：http://www.cfeph.cn
E-mail：cfeph@cfeph.cn

（版权所有 翻印必究）

社址：北京市海淀区阜成路甲28号 邮政编码：100142
营销中心电话：010-88191522 编辑中心电话：010-88190666
天猫网店：中国财政经济出版社旗舰店
网址：https://zgczjjcbs.tmall.com
北京中兴印刷有限公司印刷 各地新华书店经销
成品尺寸：170mm×240mm 16开 11.75印张 174 000字
2021年11月第1版 2021年11月北京第1次印刷
定价：46.00元
ISBN 978-7-5223-0798-5
（图书出现印装问题，本社负责调换，电话：010-88190548）
本社质量投诉电话：010-88190744
打击盗版举报热线：010-88191661 QQ：2242791300

前　言

在较长一段时间内，财政激励作为一种重要的政策手段，对于推动企业转型、促进经济发展发挥了重要作用。然而，随着对外贸易以及市场经济的进一步发展，我国财政激励特别是以直接资金扶持为主要形式的激励政策，具备引导性、管制性及选择性等特征，使得其实施效果经常背离政策制定的初衷，从而导致了诸多扭曲现象。由于不同发展阶段，财政激励发挥作用的条件不同，激励的实际效果也不尽相同。目前有关财政激励到底是否有效的研究，仍然没有形成统一、明确的答案，而是产生了两种截然不同的观点，即财政激励有效和财政激励无效。当前，随着经济进入新常态发展阶段，财政激励的政策效果如何，应实施怎样的财政激励政策，不仅关系到国民经济产出质量和效益的提升，对于国家产业竞争力的提升更是至关重要。

现有研究对于财政激励是否能促进宏观经济发展进行了详细剖析，对于微观经济主体（企业）的影响研究却仅是从绩效水平或创新等单一角度进行检验，而缺少对其全面、深入的刻画和计量验证，特别是缺乏对企业综合影响的全面分析。因此，本书采用一手的"中国企业—劳动力匹配调查"（CEES）数据，从财政激励的视角，进行财政激励与企业绩效的实证研究。实证研究分成两个步骤进行：一是从财务绩效、生产率绩效和创新绩效三个角度出发，探讨财政激励对于企业绩效的影响效果。二是对财政激励影响企业绩效的机制进行检验。从融资机制、投资机制以及研发机制三个机制出发，分别检验这三大机制对于企业财务绩效、生产率绩效以及创新绩效的影响。

本书所采用的"中国企业—劳动力匹配调查"（CEES）数据，不仅完整收集了企业各类绩效指标以及企业规模、所有制、利润等指标，最重要的是对企业所获得的财政激励的代理变量指标均有很好的数据包含,因此对于从财政激励视角研究政府干预对企业绩效的影响提供了完备的数据信息。基于实证研究结果,本书提出以下政策建议:充分发挥政府"看得见的手"在促进企业绩效提升中的作用;针对不同特征的企业采用差异化的财政激励政策,提升财政激励的公平性;进一步加强对财政激励资金的监督与管理;建立财政激励政策的逐步退出机制;建立激发企业内在发展活力的财政激励机制。

本书紧密结合新常态下企业发展状况,充分继承和吸收学者们的理论和实证研究经验,利用最新的实证调查数据,在以下几个方面做了一些具有创新性的尝试:基于"中国企业—劳动力匹配调查"(CEES)数据,本书不仅对财政激励对于企业财务绩效的影响进行实证检验,更分析了财政激励对于企业生产率绩效、创新绩效的影响,以多维度地考察新常态背景下我国财政激励政策的影响效果。进一步,本书对财政激励影响企业绩效的机制进行实证检验。在对影响机制进行理论梳理的基础上,本书分别对财政激励影响企业财务绩效、生产率绩效和创新绩效的机制进行检验,同时采用分位数回归的方法对财政激励政策的作用机制进行实证分析。同时,本书采用了新的微观企业数据来评估我国财政激励的实施效果。本书所采用的"中国企业—劳动力匹配调查"(CEES)数据不仅具有较强的时效性,更涵盖了不同所有制、不同规模企业的相关信息,为研究财政激励对于企业绩效的影响提供了较为完备的数据信息。

本书出版得到了湖北经济学院旗舰培育项目"优化营商环境的理论与实践"(PYQJ202001)的资助,特此致谢!

目 录

第一章 导论 /1
  第一节 研究背景与意义 /3
  第二节 国内外相关研究现状综述 /5
  第三节 研究内容与方法 /17
  第四节 难点与创新点 /27

第二章 相关概念与理论基础 /31
  第一节 相关概念的界定 /33
  第二节 财政激励与企业发展相关理论 /35
  第三节 公共财政与市场失灵相关理论 /38
  第四节 财政激励影响企业绩效的经济学分析 /41
  第五节 本章小结 /44

第三章 我国财政激励政策与企业绩效的描述性分析 /47
  第一节 数据来源 /49
  第二节 我国财政激励政策分析 /54
  第三节 我国企业绩效的现状分析 /62
  第四节 本章小结 /67

第四章 财政激励对企业财务绩效的影响 /69
  第一节 变量选取与模型设定 /71

第二节 财政激励影响企业财务绩效的实证检验 /74

第三节 稳健性检验 /83

第四节 本章小结 /86

第五章 财政激励对企业生产率绩效的影响 /89

第一节 变量选取与模型设定 /91

第二节 财政激励影响企业生产率绩效的实证检验 /94

第三节 稳健性检验 /102

第四节 本章小结 /105

第六章 财政激励对企业创新绩效的影响 /107

第一节 变量选取与模型设定 /109

第二节 财政激励影响企业创新绩效的实证检验 /112

第三节 稳健性检验 /127

第四节 本章小结 /130

第七章 财政激励影响企业绩效的机制分析 /133

第一节 影响企业财务绩效的机制分析 /135

第二节 影响企业生产率绩效的机制分析 /140

第三节 影响企业创新绩效的机制分析 /145

第四节 本章小结 /150

第八章 研究结论与政策启示 /151

第一节 研究结论 /153

第二节 政策建议 /157

第三节 研究展望 /159

参考文献 /161

第一章

导　论

第一节 研究背景与意义

一、研究背景

20世纪80年代,随着东亚经济的快速发展,政府主导的市场经济模式(即"东亚模式")在我国得到了普遍认同。其中,以政府为主导的激励政策在国内得到广泛应用,这种激励政策在保留政府对经济干预的基础上引入了市场化机制,是我国政府推动计划经济向市场经济渐进式转变的重要方式。在较长一段时间内,财政激励作为一种重要的政策手段,对于推动企业转型,促进经济发展发挥了重要作用。然而,随着对外贸易以及市场经济的进一步发展,我国财政激励特别是以直接资金扶持为主要形式的激励政策,具备引导性、管制性及选择性等特征,使得其实施效果经常背离政策制定的初衷,从而导致了诸多扭曲现象。由于不同发展阶段,财政激励发挥作用的条件不同,财政激励的实际效果也不尽相同。目前有关财政激励到底是否有效的研究,仍然没有形成统一、明确的答案,而是产生了两种截然不同的观点:财政激励有效和财政激励无效。当前,随着经济进入新常态发展阶段,财政激励的政策效果如何,应实施怎样的财政激励政策,不仅关系到国民经济产出质量和效益的提升,对于国家产业竞争力的提升更是至关重要。

现有研究对财政激励是否能促进宏观经济发展进行了详细剖析,对于微观经济主体(企业)的影响研究却仅是从绩效水平或创新等单一角度进行检验,而缺少对其全面、深入的刻画和计量验证,特别是缺乏对企业综合影响的全面分析。那么,在新常态的背景下,财政激励的综合实施效果如何?特别是,对于微观经济主体的总体促进效果如何?财政激励影响微观主体发展的机制是什么?哪种机制对于提升财政激励政策实施效果的作用最大?

针对以上问题，需要有新的思路、方法和数据来研究财政激励的政策效果问题，也就是是否有效的问题。本书基于微观经济主体的视角，使用2016年"中国企业—劳动力匹配调查"（CEES）的实证数据多维度地考察我国财政激励政策对于企业绩效的影响，通过实证分析财政激励对企业财务绩效、生产率绩效、创新绩效的影响效应以及影响机制，研究和探讨加强财政激励对企业绩效影响的经验证据和政策建议，从而为新常态背景下国家的产业发展战略提供一些建议和思路。

二、研究意义

财政激励的政策效果问题一直都是学术界研究的热点，理论分析表明，适度的财政激励政策可以弥补市场失灵、有效配置资源、促进经济增长以及增强产业竞争力。同时，以财政政策为主要方式的政府政策有助于充分发挥一国比较优势，进而对一国在国际分工中的地位及其贸易利益分配格局产生积极影响。然而，存在过度行政干预的财政政策同样呈现出与现代市场经济不适应的特征，容易造成市场扭曲，甚至保护落后、阻碍竞争，不利于产业的长远发展。因而，财政激励政策的效果如何成为新常态下国家政策关注的重点。

本书将围绕我国财政激励的政策效果进行实证研究，从微观经济主体出发，多维度地考察我国财政激励对于企业绩效的影响，通过分析财政激励对企业财务绩效、生产率绩效、创新绩效的影响效应以及影响机制，研究和探讨加强财政激励政策实施效果的经验证据和政策建议，从而为我国财政政策效果的进一步优化和完善提供一定的现实参考价值。

（一）理论意义

关于财政激励政策效果的研究是对相关理论的丰富和发展。已有研究从市场失灵、比较优势等角度，分析了财政政策在推动经济发展上的理论意义，并得出财政激励对经济发展既有正效应，也有负效应。理论研究结论显示财政激励的政策效果具有复杂性，因此迫切需要实证研究加以印证补充。国内有关财政激励政策效果的研究主要集中在财政激励与经济绩效、财政激励与产业结构、财政激励与企业某一绩效关系上，关于财政激励对于微观经济主体（企业）的全面影响，特别是围绕微观经济主体绩效水平综合影响的实证研究较少。本书将使用大样本、时效性强的微观企业数据来研究财政激励对于不同企业的异质性影响，以及不同类型的财政激励政策对于企业的影响，以更加全面地考察财政激励的实施现状，丰富财政激励政策实施效果的研究。

（二）现实意义

在新常态下产业结构亟待升级的背景下，研究财政激励的政策效果是现实的迫切需要。国家"十三五"规划中，强调要充分发挥产业政策导向和促进竞争功能，完善以财政政策、货币政策为主，财政政策、区域政策、投资政策等协调配合的政策体系。而发挥财政政策提升作用的前提之一是判断现有财政政策的实施效果。因而，回答当前我国财政激励对于微观经济主体的真实影响如何，把握我国财政激励实施效果的现状，对于正确判断我国的经济形势，制定合理的经济发展规划具有重要的实践意义。同时，本书将在考察财政激励对于企业绩效的影响以及分析我国现有财政激励政策存在问题的基础上，得出提升现阶段财政激励政策效果的思路，为我国财政政策效果的进一步优化提供一定的现实参考价值。

第二节 国内外相关研究现状综述

一、财政激励的动机分析

财政激励既是政府干预市场运作的一种直接产业手段，也是中央及地方政府调控经济发展的重要方式。一般而言，政府实施财政激励政策主要出于三个方面的动机：促进产业发展；推动地方经济增长；保持就业稳定。

（一）促进产业发展

世界上大多数国家包括发达国家都制定了多项政府政策，以促进本国的产业发展。这些政府政策主要通过将经济资源从落后产业撤出，向部分优势产业聚集，从而促进优势产业发展、推动落后产业转型。财政激励作为一种重要的"利益诱导"手段，是产业发展的重要途径之一。政府对企业进行财政激励的主要原因是为政治人物赢得更多的选票（Houthakker，1972）。Schwartz 和 Clements（1999）通过对德国、法国、日本等发达国家的政府政策分析，得出这些发达国家实施财政激励政策的目的是为了促进特定产业的成长。江小涓（1996）指出，日本、美国、英国均采取了财政政策，这些财政政策在一段时间内产生了推动经济发展的作用。Cimoli 等（2009）研究指出，政府能够通过财政激励为企业在信息搜集、学习创新和技术研发等方面提供激励，推动企业知识和能力积累，进而推动经济发展。通过鼓励、限制或者淘汰等形式，财政激励可以推动企业进行生产、融资或者投资，进而改变整个产业的生产效率和产出水平（宋凌云、王贤彬，2013）。

Blanchard 和 Shleifer（2001）认为，中国经济发展速度要高于俄国的原因之一是中国对于产业发展的扶持力度更大。张同斌和高铁梅（2012）通过对高技术产业的研究发现，财政政策能够有效提升高新技术产业增加值率，从而促进产业的产出增长。基于上市公司微观数据，柳光强等（2015）发现财政激励对信息技术、新能源产业等均有显著的正向推动作用，但对于同一产业内不同企业的影响存在异质性。同样的，康凌翔（2016）认为政府对新产业实施财政激励政策会刺激企业在新产业上的投入和产出。通过对比企业投入与企业产出的财政激励效果，他发现，对企业产出进行财政激励相比于对投入进行财政激励效果更好，更能促进新产业的发展。黎文靖和郑曼妮（2016）指出，财政政策通过鼓励、限制或淘汰的方式配置资源，引导企业进行生产、投资、重组，能在短时间内加快产业结构调整。周亚虹等（2015）发现，在产业发展的初期，财政激励通过为企业提供发展所需要的资金，推动其盈利水平提升，进而促进产业结构调整。

（二）推动地方经济增长

目前我国经济增长更多依靠投资驱动，通过财政激励可以在短时间内刺激企业进行投资，拉动地方经济快速增长。大部分学者认为，政府通过财政激励来拉动地方经济增长，最终的目的是为了完成自身的政治晋升。Kornai（1979）通过研究发现，地方政府对经济进行干预的最终目的是促进当地经济的增长，从而为晋升做准备。不仅仅是发展中国家，在大部分发达国家，政府也倾向于通过给予企业不同的财政激励资金来促进投资，进而拉动经济发展（Bergström，2000）。

在拉动地方经济发展的诸项措施中，通过财政激励、税收优惠等方式来吸引投资以拉升 GDP 是地方政府所采用的最为重要的做法（谢晓波、黄炯，2005）。江飞涛等（2012）指出，由于地方政府官员的晋升与当地 GDP 水平强烈相关，地方政府官员有动力通过各种财税优惠政策吸引投资进入，同时刺激现有企业投资以拉动 GDP 增长。周黎安（2004）指出，由于 GDP 增长是考核官员晋升的重要指标，我国政府倾向于对企业进行持续性的财政激励以刺激企业的投资行为，从而带动当地 GDP 增长。地方政府之间的 GDP "锦标赛"竞争，也是其进行财政激励的重要背景之一。地方政府之间的竞争在经济资源有限的情况下广泛存在。特别是对于那些保护型地方政府，他们通常采用财政激励、税收优惠的方式来提升本地企业的竞争能力（周业安等，2004）。王凤祥和陈柳钦（2006）指出，地方政府往往通过财政激励的方式引导本地企业特别是龙头企业发展，提升其在市场上的竞争能力，进而带动本地经济发展。

（三）保持就业稳定

在保障经济增长的同时，保持并促进企业的就业也是财政激励的重要目的之一。在针对发达国家的研究中，Carlsson（1983）研究发达国家瑞典经济衰退后政府的财政激励行为发现，财政激励的目的之一是降低失业率进而维持较高的就业率。Wren 和 Waterson（1991）指出，政府政策更倾向于重点扶持事关国家就业稳定的领域，将财政激励用于激发企业创造更多的就业机会和岗位。Shleifer（1998）则认为，政府对于国有企业的干预，在某种程度上是通过财政激励来进行的，通过为其安排更多的就业岗位，以保障国家的就业稳定。Breton（1996）指出，各国政府选择以财政激励的方式对制造业企业进行扶持的根本出发点是保护就业。同样的，

Harris（2010）、Porro 和 Salis（2017）、Morimoto（2018）均发现财政激励在一定程度上增加了企业对劳动力的需求。

针对中国的研究中，Eckaus（2006）发现中国政府对出口进行财政激励的主要目的，是为了维持企业的运转并保持当地较高的就业率，一定程度上有效地解决了企业经营不善所带来的失业问题。唐清泉和罗党论（2007）通过研究上市公司数据发现，企业承担的如维持就业稳定的责任越多，越能够得到政府的财政激励，因而财政激励的重要作用之一是维持就业稳定。郭强（2005）分析了地方政府干预经济的行为，发现地方政府对本地企业实施保护措施的目的之一就是解决更多的就业问题。利润较高、解决就业较多的企业更容易得到政府的政策支持。王凤翔和陈柳钦（2006）指出，政府为本地竞争性企业提供财政激励的动机之一就是创造更多就业机会，维持地区社会稳定。李力行和申广军（2015）指出，经济开发区所实施的财政政策能够显著地促进企业就业人数、销售收入等绩效的提升。

二、财政激励对企业财务绩效的影响研究

根据已有研究，财政激励对企业财务绩效的影响大致可以分为激励和寻租两类观点。

激励观点认为，财政激励可以促进企业的财务绩效提升。Duch 等（2009）通过对比西班牙接受财政激励和未接受财政激励的类似公司的情况，运用 PSM 技术，发现接受财政激励的企业增加值的增长明显好于未接受财政激励企业。Nola 和 Stephen（2010）通过不同地区财政政策对比发现，政府加大对中小企业的扶持力度将有利于其财务绩效提升。Zhang 等（2014）通过对中国风能和太阳能设备制造企业 2007—2010 年的面板数据进行分析后得出，无论短期还是长期，财政激励对企业的财务绩效均具有显著的提升作用。吴成颂等（2015）发现，相比于未获得政治关联的企业，拥有政治关联的企业容易获得更多的财政激励。然而财政激励只有在未获得政治关联的企业中才能发挥显著的正向激励作用，对于拥有政治关

联的企业反而是抑制作用。基于482家国家级农业龙头企业数据，崔宝玉（2014）对企业财务绩效、社会绩效、税收绩效及综合绩效进行分别评价，通过实证方法研究发现财税扶持政策对于企业财务绩效起到了显著提升作用。万伦来和郭冬亮（2016）通过对上市公司民营企业的研究发现，财政激励对民营企业的财务绩效产生了正向促进作用，这种促进作用呈现出区域化的差异特征，东部及北部地区的促进作用最大，其次为中部和东部地区。Zhang和Xu（2018）研究了1998—2007年财政激励对企业生存的影响，指出财政激励显著地降低了企业退出、倒闭的可能性，这主要是由于财政激励增强了企业获利的能力。

寻租观点认为，财政激励可能导致企业利润增长缓慢或资产收益率下降。Bergström（2000）在分析瑞典1987—1993年制造业企业面板数据后发现，在接受财政激励后的第一年，企业的绩效有了一个短暂的上升，之后企业的绩效呈现出逐年递减的趋势。Tzelepis和Skuras（2004）运用希腊1982—1996年的食品饮料制造业企业面板数据进行分析，考察了财政激励对企业资产收益率、资产负债率、利润率和资产增长率等财务绩效的影响，发现财政激励仅对企业资产增长率具有显著的正效应。潘越等（2009）研究了亏损企业使用财政激励的状况，指出财政激励在短期内有助于财务绩效（ROA）提升，但长期的影响并不显著。胡浩志和黄雪（2016）同样基于上市公司民营企业数据，发现寻租能够为企业带来更多的财政激励，但这类财政激励不仅不能够促进企业财务绩效提升，反而对企业绩效产生了抑制作用。彭中文等（2015）研究发现，财政激励不利于提升企业财务绩效，特别是对于特定内部治理结构的企业，这种负向作用会更加显著。

三、财政激励对企业生产率绩效的影响研究

关于财政激励对企业生产率绩效的效果，国内外学者们有着截然不同的观点，并从财政激励与企业全要素生产率的角度阐述了财政激励的政策效果。

自 20 世纪 70 年代中期开始，欧洲许多国家开始越来越多的对企业进行财政激励，然而从实证的角度来看，财政激励数额与受财政激励企业的效率和生产率之间的关系是较为复杂的。目前，少数研究涉及财政激励对全要素生产率（TFP）的影响（Bergström，2000；Harris & Trainor，2005；Bernini & Pellegrini，2011；Criscuolo et al.，2012；Moffat，2014）。同时，部分学者对于以财政激励为主要方式的政府政策是否有效进行了实证考察（Krueger & Tuncer，1982；Cai et al.，2011；Aghion et al.，2012），并发现财政政策在一定条件下对企业生产率产生促进效应。Tzelepis 等（2006）使用不同的分解程序，在估算财政激励作为新投入的生产前沿函数之后，将 TFP 分解为三个组成部分即技术变革、技术效率变化和规模效率变化。研究发现，政府对食品制造业的资本财政激励并不完全是多余的，财政激励通过技术变革影响了全要素生产率的增长。将上述分解与成本函数方法相结合，Obeng 和 Sakano（2000）发现财政激励对 TFP 增长的贡献是通过财政激励引发的要素增加来实现的。Guo 等（2018）发现研发上的财政激励对以全要素生产率为代表的企业绩效有正向影响，这种正向影响在生产效率高的企业中更为显著。

在这些研究中，很大一部分侧重于研究财政激励（Bronzini & Piselli，2016；Dimos & Pugh，2016）、经济开发区计划（Kolko & Neumark，2010；Reynolds & Rohlin，2015）以及落后地区企业的投资激励措施对于企业生产率的效果。有学者认为，对欠发达地区企业进行财政激励，促进了投资和就业，但是对于企业的效率并没有显著提升作用。在后续研究中，经验证据表明财政激励对融资企业的就业、投资和企业存活年限产生了积极影响，但对企业生产率的影响或是负面的或是可以忽略不计（Bondonio & Greenbaum，2007；Bernini & Pellegrini，2011；Criscuolo et al.，2012；Cerqua & Pellegrini，2014）。财政激励等政府激励往往缺乏效率，并没有能够带来企业绩效和竞争力的提升（Russo et al.，2011）。Bernini 和 Pellegrini（2011）通过一种匹配差异化方法，实证分析发现受到财政激励的企业的产出、就业和固定资产增长相对更快，然而其 TFP 增长却相对较慢。Criscuolo 等（2012）通过结合使用 IV 以及固定效应的方法来研究政府选择性援助金（RSA）的影响。他们发现财政激励对于就业、投资有积极的效果，但对 TFP 没有影响，同时积极效果局限于规模较小的公司，对大公司没有影响。Criscuolo 等（2012）、Moffat（2014）研究了收到政府选择性援助金（RSA）对于高科技和中高科技制造业的 TFP 是否产生了显著影响，发现其影响效果并不显著，因而并不能直接判断财政激励的政策效果。

同时，一些研究考虑了资本财政激励对全要素生产率的影响。在估算生产函数后，Bergström（2000）研究了财政激励作为 TFP 增长决定因素的作用：在第一年之后，公司获得的财政激励资金越多，TFP 增长就越缓慢。结果表明，财政激励可以影响增长，但却没有显著提升企业的生产力和竞争力（即仅通过使用更多投入而不是通过提高其效率来实现增长）。Harris 和 Robinson（2004）将财政激励视为生产函数的投入要素（即 TFP 只与产出变化有关，而与投入变化无关）。他们的分析表明，与平均水平相比，财政激励确实提高了企业生产力；然而，当对照组被更狭义的定义为仅包括财政激励区域的未获激励企业时，财政激励则不会显著提高企业生产率。随后，Harris 和 Robinson（2005）将 TFP 分解为不同的组成部分（进入、退出，企业内、企业间和跨企业效应），通过将未享受财政激励的企业与享有不同类型财政激励的企业进行对比分析，发现获得财政激励企业的 TFP 增长率反而较低，这主要是由于低 TFP 企业在此期间增加了市场份额，从而资本取代了劳动力。Domadenik 等（2018）通过实证研究指出，与接受较少或不接受财政激励的同一行业的企业相比，接受较高比例财政激励的公司生产效率较低。同时，部分学者认为当政府给予较高金额的财政激励时，企业选择将更多的资源用于寻租以获得更多的财政激励，而不是用于提高生产率，因而会形成对财政激励的过度依赖（余东华、吕逸楠，2015）。政府过度的财政激励会刺激企业更多进行以寻租为目的的生产活动，这种寻租活动将会大大降低企业资本配置效率，从而抑制企业全要素生产率提升（黄先海等，2015；孟辉、白雪洁，2017）。韩超等（2017）发现，并不是所有财政激励行为均会抑制企业 TFP 提升，主要是与供给型政策（主要为资金扶持）相结合的财政激励行为抑制了企业绩效提升。

四、财政激励对企业创新绩效的影响研究

关于财政激励对企业创新绩效的影响效果,国内外学者们有着截然不同的观点,并从财政激励与企业研发投入、财政激励与企业研发产出等几个角度阐述了财政激励的政策效果。

(一)财政激励与企业研发投入

关于财政激励对于企业 R&D 影响的研究不在少数,然而却并未得到一致的结论。一些研究发现,财政激励对于企业研发行为和绩效具有正向激励作用(Doh & Kim,2014;Radas et al.,2015;Guo et al.,2016;李兆友等,2017;Jiang et al.,2018),也有研究认为财政激励并没有提高企业的创新表现(Guan & Yam,2015),甚至有分析认为财政激励挤出了私人投资,从而降低了社会总体福利和经济增长率(Acemoglu et al.,2013;Hong et al.,2016)。由于研发投资内在的高风险、研发活动的特殊性(不能在贷款合同中用作抵押品)以及债权人(投资者)与研发执行公司之间存在着信息不对称,企业很难利用外部资本进行研发活动融资(Hall,2002a)。于是,研发的正外部性和资本市场的不完善同时构成了市场失灵,为政府干预提供了理论依据。财政激励可以通过降低研发单位成本、提高研发资助项目的预期盈利能力来缓解这些市场失灵,从而激励更多的私人研发支出。换言之,财政激励将私人研发提升到社会最优水平,从而避免了挤出效应。

许多学者如 Arrow(1962)、Krugman(1979)、Romer(1989)、Grossman 和 Helpman(1991)都认为政府干预或资助私人研发是合理的。他们认为,由于私营企业无法完全收回其用于公共价值的研发投资,因此私营市场缺乏为公共利益提供研发资金的动力。市场失灵,如溢出效应、财务约束、不确定性、风险规避和动态外部性,进一步降低了研发的私人资金。因而,研发上的财政激励是一种政策工具,旨在帮助企业进行有益于社会的私人研发(Aerts & Schmidt,2006;Fu et al.,2012;Li,2012;Meuleman & Maeseneire,2012)。Leyden & Link(1991)对政府 R&D 资助、

技术创新和知识溢出的互补性进行了深入的研究，发现政府研发资助将促进企业研发投资的增长。适宜的政策可以降低企业创新风险，引导技术创新。从某种程度上说，财政激励有助于引导产业技术创新方向，提高产业创新效率。通过对比以色列制造业企业的研发投入，Griliches（1980）发现获得财政激励的企业的研发投入要明显高于未获得财政激励的企业，可以说财政激励刺激了企业更多开展研发活动，显著地促进了企业研发投入的增加。Segerstrom（1991）有着相同的观点，他认为这种研发拉动作用进一步地带来了整个社会福利的提升。Carboni（2011）通过使用意大利制造业企业的数据发现，财政激励能够显著提升企业的研发投入。

尽管市场失灵理论证明了研发上的财政激励是合理的，但仍存在两大问题：政府是否能够确定市场失灵的研发项目，以及政府是否能对企业获得补助后的资金使用状况进行衡量。研发上的财政激励可能仅仅是支持即使没有财政激励也会进行的私人研发项目，可能会挤出私人研发（David et al.，2000；Dimos & Pugh，2016；Schneider & Veugelers，2010；Zúñiga-Vicente et al.，2013；Brueggemann & Proeger，2017）。因此，在大多数情况下，研究的重点是研发上的财政激励是补充还是替代了私人研发，以及每美元研发财政激励产生多少企业研发（González & Pazó，2008；Reinthaler & Wolff，2008）。研发上的财政激励显著的特点是，政府可以针对预期社会效益较大但私营企业无法承担的研发项目进行扶持，因为这些项目无法为企业提供足够的效益，企业缺乏进行这些项目的动力。相反，其他政策工具，如税收减免或私人研发信贷并不区分研发项目，因此，即使在税收激励的支持下研发总额增加，公共和私人回报之间存在较大差距的研发项目也不一定会被企业所选中（Cappelen et al.，2008）。由于市场的不确定性，即使是技术上成功的新产品也可能不会被市场采用（Hellmann & Perotti，2010；Eggers，2012）。因而，Zúñiga-Vicente 等（2013）指出，经过近50年的研究，经验证据表明财政激励对企业研发投资的影响是复杂的。

另有一部分学者认为，财政激励对企业研发投入可能产生了弱向甚至是负向效果。Link（1982）在 Hamberg（1966）的基础上，进一步将研发支出分为三类，结果发现联邦财政激励对于整体研发支出、发展研究都是正向的影响，而对基础研究的影响是显著为负的，对应用研究的影响并不显著。通过经济模型的构建，Levy 和 Terleckyj（1983）发现财政激励对于私人研发投入具有挤出效应，1 美元的财政激励将会挤出 0.27 美元的私人研发支出。进一步地，Mukoyama（2003）研究了不同情形下财政激励的效果，发现在政府和企业之间存在信息不对称的情况下，政府的财政激励会对企业的研发投入产生挤出效应。基于社区创新调查数据，Clausen（2009）实证发现专门针对企业"研究与开发"的财政激励有助于刺激企业增加研发投入，而针对企业"发展"的财政激励则会对企业研发产生挤出效果。财政激励的引导性和偏向性特征，使得私人企业为了获得更多的财政激励而选择在政府扶持的领域进行研发活动，而在那些非政府扶持的领域，企业往往缺乏研发的活力和动力，从而财政激励对企业创新造成了挤出效应，抑制了企业创新活动的开展（Lach，2002；Feldstein，2009）。基于战略性新兴产业数据，肖兴志、王伊攀（2014）指出，财政激励在很大程度上扭曲了企业的创新行为，对企业原有的创新投资产生了挤出效应，使得企业更倾向于通过寻租的方式获得更多社会资源。事实上，在中国，财政激励的增加很可能导致企业的大量寻租行为，从而抑制企业的研发投入（张杰等，2011；Cai 等，2017）。

（二）财政激励与企业研发产出

大多数已有研究评估了财政激励政策是否对企业的创新投入产生了额外影响，如对研发投入、有形资产或研发人数产生的额外影响。相比之下，对财政激励对于企业创新产出影响的微观经济计量研究相对而言较少（Branstetter & Sakakibara，2002；Bérubé & Mohnen，2009；Moretti & Wilson，2014；Buchmann & Kaiser，2018；Bellucci et al.，2018）。然而，评估政府财政激励对创新产出的影响至关重要，这主要源于两个方面的原因：一方面，创新活动可能是大多数支持研发活动项目的最终目标。如果这项政策能够提高企业的创新能力，那么最终也将提高企业的竞争力。另一方面，即使是在保持研发支出或其他创新投入不变的情况下，公共研发活动项目都可能会影响创新产出。基于微观工业数据，Aerts 和 Schmidt

(2006)实证发现,获得财政激励的企业更倾向于进行研发投资,因而有着更高的创新产出。刘小元、林嵩(2013)通过检测技术配置效率与研发产出的关系,发现财政激励刺激了企业的研发人员投入和研发资金投入,从而提升了企业的研发产出。同样的,朱平芳、徐伟民(2003)、杨洋等(2015)通过实证研究发现,财政激励通过刺激企业进行更多的研发投入来对创新产出产生拉动作用。

对于企业的创新绩效,部分学者认为,财政政策能显著提高被鼓励行业中企业的研发投入和发明专利数量,且在民营企业中,财政激励、税收优惠等政策与企业专利数特别是发明专利数之间的正向关系尤为明显,因而财政政策能够有效提升企业特别是民营企业的技术创新水平(余明桂等,2016)。通过对上市军工企业的分析,赵中华、鞠晓峰(2013)发现,财政激励与军工企业的创新产出之间有着显著的正相关关系。类似的,税收激励等产业措施会直接降低企业创新活动的边际成本,鼓励企业更好地进行创新活动(林洲钰等,2013;曹平、王桂军,2018)。财政激励为企业创新提供了良好的资源环境,降低了企业进行创新活动所面临的风险和边际成本(杨洋等,2015)。Liu 和 Rammer(2016)分析了德国和欧洲政府供资方案在产品和工艺创新以及中小企业出口绩效方面的有效性,研究发现公共财政支持有助于提高创新产出,这反过来又转化为未来几年更高的出口成功率。Mateut(2017)通过对欧洲以及中亚国家10000多个企业的研究发现,财政激励刺激企业加强了创新活动,如推出新产品或服务、产品升级等。进一步地,Cheng 等(2019)指出,政府创新财政激励可以促进企业更多进行专利申请和新产品研发,然而对于企业的生产率、利润或市场份额却没有显著影响。

因而,也有观点认为,政府干预可能导致私人研发行为被挤出,不利于创新成果产出。公共官僚机构和利用信息不对称公司的自利选择性都可能会降低财政激励的有效性。从公共选择理论的角度来看,公共部门有可能采取机会主义的行为(Butler,2012)。与社会整体利益相悖,政府部门一般会采取"择优选择"策略,将政策和资金资源投向平稳发展的大中型企业,最小化政治风险和信贷风险。由于研发上的财政激励能够显著促进企业进行研发行为（Czarnitzki，2006），前述"择优选择"策略实际上是挤出了本应该由大中型企业自身投资的研发支出，放弃了本应该由政府扶持的创新性中小企业研发行为（安同良等，2009；Bakker et al.，2014）。在申报成本相对较低时，企业会将财政激励作为研发项目的一种低成本融资方式（Aschhoff，2009）。另外，研发活动个人和社会回报率测度上的困难也增加了公共部门和企业之间的信息不对称。

然而，由于寻租等活动的存在，财政激励的强度与企业研发与产出之间存在着"倒U型"关系，一定区间内的财政激励能够促进企业提高创新产出，而当财政激励超过一定的数额时，将对研发产出产生反向作用（Guellec & Bruno，2003）。可以说，过度的财政政策不仅不能起到应有的政策效果，反而会限制企业创新能力的提升。通过研究腐败、研发上的财政激励和企业创新三者关系，Fang 等（2018）发现只有当腐败得到有效控制时，研发上的财政激励与企业未来创新绩效之间的正向关系才是显著的，说明寻租、腐败等行为并不利于财政激励作用的发挥。江飞涛、李晓萍（2010）指出，中国的财政政策大多通过培育大企业、提高集中度、限制进入等方式进行，容易造成大企业缺乏竞争压力而中小企业缺少创新动力。公共支持将会取代私人研发支出，若受到财政激励的企业将自己的研发投资减少到没有援助的水平以上，企业的研发产出将会大大降低（Zúñiga-Vicente et al.，2013）。创新政策可能会被永久性的研发执行者捕获，政治家或利益集团可能会寻求分配财政激励以使自己受益（Lerner，1999），根据企业未来可能取得的成功来选择财政激励对象而不考虑财政激励的低边际贡献，可能会产生寻租等问题。黄先海等（2015）指出，政府财政激励过多不仅会抑制市场竞争，更会产生明显的创新抑制效应（抑制企业研发支出）。黎文靖和郑曼妮（2016）研究发现，政府财税扶持只能促进企业申请更多的非发明专利而不是创新质量更高的发明专利，因而政府扶持政策使得企业过多的追求创新产出的数量而不是质量。同样的，孟庆玺等（2016）指出，财政激励、税收优惠等为企业带来资源的政策使得企业倾向于依赖政府资源，从而创新产出的效率不仅没有得到提升反而下降了。

基于已有研究成果，本书发现国内外学者均对财政激励的政策效果进行了理论或实证的分析。然而，已有对企业绩效影响的研究却仅是从绩效水平或创新等单一角度进行检验，而缺少对其全面、深入的刻画和计量验证，特别是缺乏对企业综合影响的全面分析。特别是，已有研究较少考虑到不同类型财政激励的针对性，以及财政激励对于企业绩效的综合性影响。如科技创新激励的出发点就是提升企业创新产出水平，而企业绩效不仅包含财务绩效，更包含生产率绩效、创新绩效等绩效，因而有必要关注财政激励对于企业绩效的综合影响。

同时，以往对微观经济主体的实证研究也大多基于中国工业企业或上市公司数据，而忽略了对民营企业，特别是中小型民营企业这一重要经济体的分析。此外，现有文献大多使用的是2013年以前的数据，难有效捕捉现阶段特别是新常态以来，我国财政政策尤其是财政激励政策的实施现状。因而，采用新的微观企业数据来评估我国财政激励的实施效果，从而提出财政激励政策效果的提升路径，具有非常重要的理论及实践意义。基于此，本书对于财政激励影响企业绩效的分析主要从以下几个方面进行：财政激励对于企业财务绩效的影响、财政激励对于企业生产率绩效的影响、财政激励对于企业创新绩效的影响以及财政激励影响企业绩效的具体机制。

第三节 研究内容与方法

一、研究内容

本书围绕我国财政激励政策的实施效果进行实证研究，从微观经济主体出发多维度地考察财政激励对于企业绩效的影响，通过具体分析财政激励对于企业财务绩效、生产率绩效以及创新绩效的影响，进一步探讨其中的影响机制。具体内容包括以下几点：

1. 财政激励政策对企业财务绩效的影响

在评估企业经营状况的基础上，本书将全方位考察财政激励对于企业财务绩效的影响。一方面，考察财政激励对于企业总资产收益率、净资产收益率等投入—产出类指标的不同影响。另一方面，考虑到不同类型企业面临不同的财政激励政策，本书也将对比分析财政激励对于不同特征企业的异质性影响，以更加详尽地探讨财政激励政策的实施效果。

2. 财政激励政策对企业生产率绩效的影响

生产率绩效是对企业技术效率的直观反映，通过观测财政激励对企业生产率绩效的影响将能够帮助了解政府政策对于企业效率提升的作用。本书将进一步对财政激励对于企业生产率的影响进行探究，考察财政激励政策对于企业全要素生产率等长期绩效指标的影响。在基本回归结果的基础上，考察财政激励在不同类型企业发挥作用的条件，以更加全面地考察财政激励对于企业生产率绩效的影响。

3. 财政激励政策对企业创新绩效的影响

创新是推动经济高质量发展的重要路径，最终需依赖微观经济主体的驱动。现有财政激励政策对于企业创新的影响如何？是否有效地促进了企业创新产出提升？针对这一问题，本书将从创新产出的不同维度，考察财政激励政策对于提升企业创新水平的有效性。对比分析财政激励政策对于不同特征企业创新的异质性影响，以及不同类型财政激励政策对于企业的影响，以更加详尽地探讨财政激励政策的有效性。

4. 财政激励政策影响企业绩效的具体机制

在全面剖析财政激励政策对于企业财务绩效、生产率绩效、创新绩效影响的基础上，本书将进一步剖析财政激励政策发挥作用的传导机理。从理论分析以及实证检验的角度，阐述财政激励政策对企业行为的影响机制。

基于此，本书的技术路线图及主要框架图如图 1-1、图 1-2 所示：

二、研究方法

考虑到财政激励政策与其他重要变量关系的独特性与复杂性，仅使用

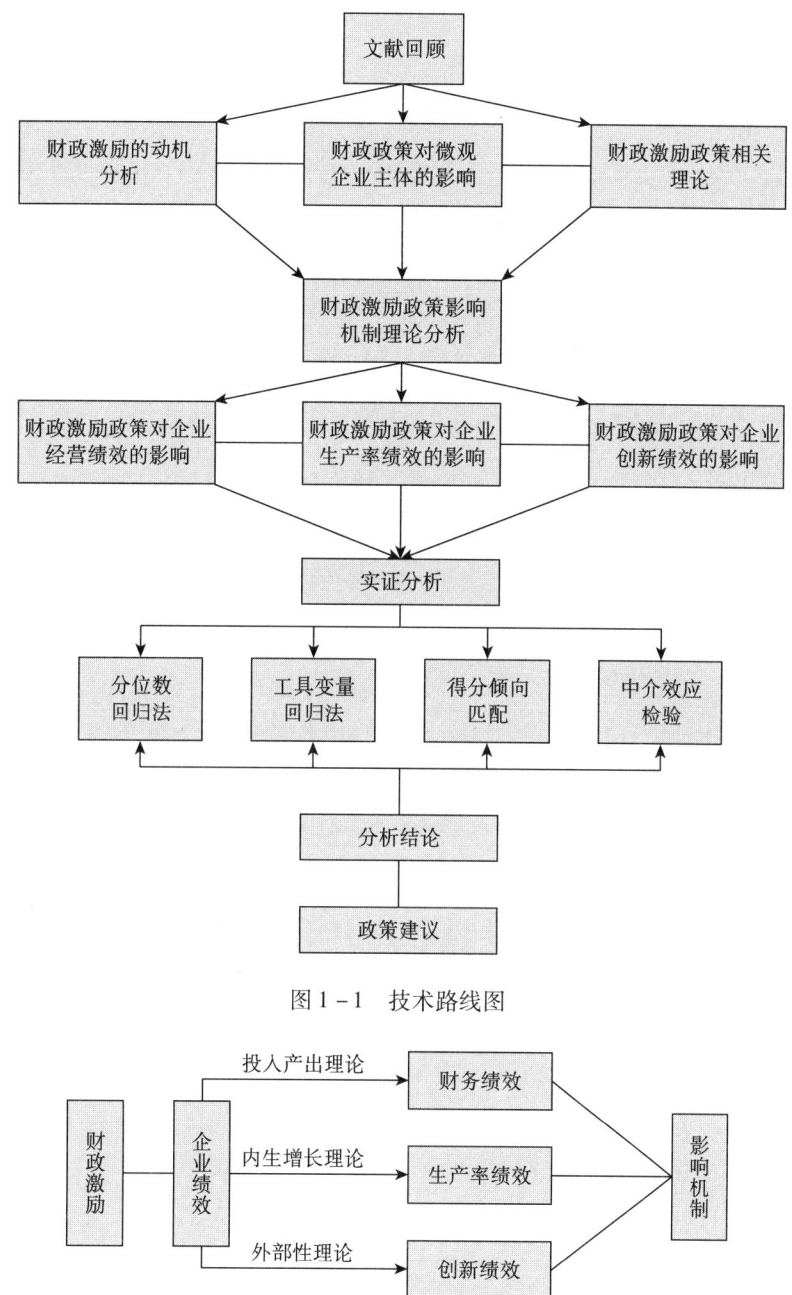

图 1-1 技术路线图

图 1-2 框架图

一种方法很难有效地描述与解释他们之间的关系。因此，本书采用了多种研究方法的结合。

1. 规范研究：文献归纳与演绎

本书拟在研读已有国内外重要相关文献的基础上，分析、总结和归纳已有关于财政激励政策研究方法，包括数据指标选取、实证分析思路和相关研究结论等内容，建立本书的前期研究基础，为后期研究积累必要的思路，以便改良和完善本书的研究方法。通过对国内外相关文献的归纳和演绎得出财政激励政策的影响机制，进一步对已有研究的结论及不足进行梳理和总结，提出本书的理论基础，并得出理论分析的结论。通过实证分析，验证理论结论，提出相应的政策建议。

2. 实证研究

（1）理论分析。进一步探寻我国财政激励政策的实施状况，对此进行相应的理论分析，从而对提升我国财政激励政策的实施效果得出有益的结论，在此基础上提出相应的政策建议。

（2）实证分析。基于微观经济主体，分析现有财政激励政策的影响机制。用更加全面的逻辑思路分析财政激励政策对于企业财务绩效、生产率绩效、创新绩效的影响，丰富和创新有关财政激励政策研究的内容，从而为财政激励政策如何影响微观企业发展提供更加深刻的理解与思路。

本书主要采用的实证分析方法有以下几种：分位数回归、倾向得分匹配及中介效应检验。其中，分位数回归主要用于检测财政激励对于不同水平企业绩效的异质性影响；倾向得分匹配主要用于解决财政激励与企业绩效存在的"自选择"问题；中介效应用于解释财政激励影响企业绩效的过程和机制，是对回归分析的深化和补充。

第一，分位数回归。分位数回归主要是指通过被解释变量 Y 与解释变量 X 的条件分位数进行建模的回归方法。传统的回归方法中，最小二乘法估计的是解释变量对于被解释变量的均值影响，实质上是一种均值回归。分位数回归不仅仅能够分析被解释变量的均值，还可以分析解释变量如何影响被解释变量的中位数、分位数，从而能够反映被解释变量条件分布的全貌。因而，分位数回归能够观测到解释变量对被解释变量在扰动项的不同分位点上的异质性影响以及分布刻度、位置和形状。

Koenker 和 Bassett（1978）提出了"分位数回归"，他们使用残差绝对值的加权平均作为最小化的目标函数，这种目标函数不容易受到极端值的影响，同时对于误差项假设条件的设置并不严格。因而，分位数回归的结果对于非正态分布来说更加可靠和稳健。此外，分位数回归还可以提供关于条件分布的全部信息，以利于更加全面的探讨被解释变量 Y 与解释变量 X 的关系。

由于从理论上来说，不同分位数条件下的回归系数估计量是不同的，也就是说解释变量对于不同水平被解释变量的影响存在异质性。通过在回归时设定多个分位点，得到不同分位点下的分位数函数，可以得到被解释变量在解释变量特定条件分布下的分布曲线。分位数回归变量的系数通常可以解释为在其他条件不变的情况下，解释变量每变动一个单位对于被解释变量在条件分布的某分位点的边际效应。

在经济学分析中，分位数回归通常被作为是测度解释变量与被解释变量之间相关关系的常用工具。由于作者在数据实际分析过程中所掌握的信息有限，且实证分析容易受到异常值或者极端值的影响而得到非稳健的结果，因而使用分位数回归是深入并客观描述财政激励与企业绩效关系的有效方法。通过分位数回归，本书可以有效观测到稳健性的计量回归结果，同时获得更多变量之间的有效信息，从而更加全面地了解和掌握经济现象背后的含义。

第二，倾向得分匹配。倾向得分匹配（PSM）由 Rosenbaum 和 Rubin（1983）最早提出，主要用于解决数据的非随机性所带来的结果偏误。通过将样本分为处理组和对照组，使得这两类分组有着类似的实验对象，从而实现"准随机"，以规避非随机所带来的偏误问题。这里的处理组通常是指实施实验的对象组，而对照组则是指未接受实验的组别。对照组通常选取与处理组具有类似特征的对象，以避免非随机所带来的偏误。

倾向得分匹配最初被用于分析生物医药等领域，并最终推广到政策运用与评价领域。最常用的倾向得分匹配方法包括近邻匹配、卡尺匹配和核匹配法等几种方法，通过对匹配方法进行选择可以在不同的情境下达到最优化的匹配效果，同时通过假定处理组和对照组有着均衡的协变量，实现估计结果的相对无偏。此外，倾向得分匹配无需假定解释变量与被解释变量之间存在相关关系，因而相比于回归分析更具有普遍的适用性。

倾向得分匹配主要通过以下步骤进行：首先，以是否为实验对象为标准构建二值变量，以影响该实验实施的变量为因变量，作 Logit 回归，计算倾向得分匹配的 P 值。其次，以计算出来的 P 值为基础进行处理组和对照组的匹配。再次，比较处理组和对照组的 P 值差异，以观察二者之间是否能够支撑假设检验，以及各个维度之间的差异是否过大。如果过大，则需重新进行 Logit 模型的构建。最后，比较处理组和对照组平均处理效应等的差异。

由于申请财政激励的过程往往存在着非随机的问题，一般而言规模更大的企业或把握更大的企业更多进行申请，因而难以保证申请企业的随机性，导致自选择问题产生。为解决企业申请财政激励时的自选择问题，并深入探讨财政激励对于企业绩效的影响，本书在进行分位数回归的基础上，将通过倾向得分匹配的方法来估计财政激励政策对于企业财务绩效、生产率绩效以及创新绩效的稳健性影响。

第三，中介效应检验。中介效应模型通常被用于检验自变量对因变量的影响过程及影响机制，相比于回归分析能够得到更为深入的结果。一般而言，考虑自变量 X 对因变量 Y 的影响，如果 X 通过变量 M 来对 Y 产生影响，则称 M 为中介变量。中介效应的检验模型可用以下三个回归方程进行表示。

$$Y = cX + e_1 \tag{1-1}$$

$$M = aX + e_2 \tag{1-2}$$

$$Y = c'X + bM + e_3 \tag{1-3}$$

中介效应模型检验最常用的方法是 Baron 和 Kenny（1986）提出的逐步检验法，该方法通过四大步骤逐步检验出变量 M 的中介效应（温忠麟等，2012）。第一步：在方程（1-1）中检验系数 c 的显著性，以观察自变量 X 对因变量 Y 的总效应，若 c 不显著，则停止检验；若 c 显著，则继续进行第二步。第二步：检验方程（1-2）中系数 a 的显著性，若 a 不显著，表明中介效应不存在，停止检验；若 a 显著，则进行第三步。第三步：检验方程（1-3）中系数 b 的显著性，若 b 不显著，则表明中介效应不存在，若 b 显著则进行第四步。第四步：检验方程（1-3）中系数 c' 的显著性，若 c' 不显著则表明中介变量起到了完全的中介效应作用；若 c' 显著或相比于 c 显著性明显下降，则表明中介变量起到了部分的中介效应作用。温忠麟、叶宝娟（2014）进一步改进了 Baron 和 Kenny（1986）的做法。当第三步中系数 b 不显著时，他们认为可采用 Bootstrap 法来判断联合显著性。中介效应的示意图如图 1-3 所示。

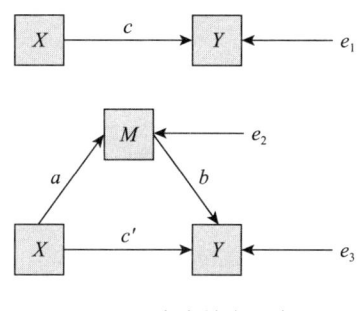

图 1-3　中介效应示意图

三、章节安排

本书以财政激励与企业绩效为研究对象，考察新常态背景下我国财政激励政策如何进行完善以利于企业绩效提升目标的实现。

第一章是导论。对本书的背景进行了相关的论述；对国内外的相关研究现状进行详细介绍，并初步确定了本书的理论、实践意义及研究框架。

第二章是相关概念与理论基础。从财政政策与企业发展、公共财政与市场失灵两个角度深入剖析政府干预企业发展的理论依据。经过理论分析得出：企业的投入产出效率、技术效率的提升关系到整个经济的发展，离不开政府与公共财政的支持，政府应制定各种政策通过鼓励企业进行知识积累、技术进步来实现知识外溢，进而推动经济的长期持续发展。由于外部性问题的存在，企业在研发及创新行为上可能会存在动力不足的问题。

这种情形需要公共财政进行有必要的干预，加大对科技创新的投入，激发企业进行创新的积极性和动力，使得科技创新投入达到最优水平。政府通过公共财政对创新活动进行适当的干预，在长远来看将会形成较高的社会收益，对经济增长将产生较为明显的推动作用。进一步地，从理论分析推出财政激励对于企业短期及长期绩效的影响。

第三章是我国财政激励政策与企业绩效的描述性分析。通过数据统计，本书发现在全部样本企业中，获得科技创新激励的企业占比远低于获得财政激励的企业占比。科技创新激励更多针对的是科技创新企业，特别是这类企业的自主研发、高新技术成果转化等行为，具有较强的技术要求，使得获得的企业数量相对而言较少。从企业性质来看，政府对于国有企业的财政扶持力度要高于民营企业以及外资企业；从企业规模来看，相比于小型企业，大中型企业在获得财政激励上具有更大的优势；从企业出口类型来看，一般贸易企业能够获得更多的财政激励。相比于非出口企业，出口企业能够享受到国家更多的财政、税收方面的优惠政策，因而更容易获得财政激励；从行业分布来看，对于电子设备行业等新兴行业以及化工业等大型企业集中的行业，政府拨付的财政激励要多于皮革与纺织业等中小型企业集中的行业。

第四章是财政激励对企业财务绩效的影响。在控制企业规模、资本劳动比、技术水平等变量，以及时间、地点、行业等固定效应之后，财政激励对于企业的总资产收益率以及净资产收益率具有显著正向影响，说明财政激励对于企业的财务绩效提升发挥着正向促进作用。同时，本书发现，财政激励对企业财务绩效的影响可能受到企业自身技术水平以及其他不可观测因素的影响，二者之间可能并不是简单的线性关系。分位数回归结果表明，相比于已具备较高财务绩效水平的企业，财政激励对中低财务收益率水平企业的促进作用更强。

同时，财政激励对财务绩效的影响在不同特质的企业中具有较大的异质性。从不同性质企业的分组结果来看，相比于民营企业、外资企业，财政激励对于国有企业、中国港澳台企业具有更大的财务绩效提升作用；从不同规模企业的分组结果来看，财政激励对于不同规模企业的总资产收益率产生了较大的异质性影响，在小型企业中能够发挥更大的财务绩效促进作用；从不同出口类型的企业分组来看，相比于一般贸易、加工贸易企业，财政激励在非出口企业中能够发挥更大的绩效提升作用；从企业所属的不同行业分组来看，对于规模较小、资本相对缺乏的行业中的企业，财政激励起到了正向促进作用，而对于规模较大、资本较为充足的行业，财政激励的效果并不明显。

第五章是财政激励对企业生产率绩效的影响。在控制企业规模、资本劳动比等控制变量以及时间、地点、行业等因素之后，财政激励对企业的全要素生产率产生了显著的正向影响，在稳健性检验中结果仍然如此，说明财政激励对企业生产率绩效提升发挥着正向促进作用。同样的，分位数回归结果表明，财政激励对于中、高生产率水平企业的促进作用将随着企业生产率的提升而减弱。比较分位点系数可以发现，财政激励对于低生产率水平企业的促进作用更强。可能的原因是，财政激励为其提供了发展所需要的外部资金从而加大了其竞争优势。

财政激励对企业生产率绩效的影响在不同特质的企业中具有较大的异质性。从不同性质企业的分组结果来看，相比于国有企业、外资企业，财政激励对民营企业能够发挥更大的生产率绩效提升作用；从不同规模企业的分组情况来看，对于小型企业，财政激励对其全要素生产率的提升有着显著正向影响，而这一影响在中型及大型企业中并不显著，说明财政激励在小型企业中能够发挥更大的绩效促进作用；从不同出口类型企业的分组来看，财政激励对加工贸易企业的全要素生产率提升有着显著正向影响，而这一影响在一般贸易及非出口型企业中并不显著，说明财政激励在加工贸易企业中发挥的作用更大；从企业所属的行业类型来看，对于电子设备这一行业，财政激励发挥了正向促进作用，而对于传统行业，如食品及金属行业，这一正向效应并不显著，甚至对机械设备制造业产生了负向影响。

第六章是财政激励对企业创新绩效的影响。在一系列基准回归和稳健性检验后，本书发现财政激励对企业的创新绩效产生了显著正向影响。然而，这种创新绩效的提升主要体现在专利总数以及非发明专利数量上，对发明专利数的提升效果并不明显。说明在财政激励的刺激下，企业专利数量的提升更多的是非发明专利而不是发明专利。对于国外专利数，科技创新对其影响虽系数较小但显著为负，说明财政激励对企业专利的促进作用更多体现在推动企业国内专利数量提升上，甚至在某种程度上抑制了质量更高的国外专利的获得。是否获得科技创新激励对企业新产品销售额、新产品销售比例均有显著正向影响，而科技创新激励总额对企业新产品销售的影响并不显著，说明获得财政激励对企业的新产品销售产生了提升作用，然而后期财政激励金额的增加并未对企业新产品销售产生显著作用。从财政激励分项来看，高新技术激励对专利总数、新产品销售比例都有显著正向影响；技改资金对专利总数、新产品销售比例均有正向影响，但并不显著。此外，环保项目激励、新能源项目激励对企业创新绩效并没有发挥明显的促进作用。可能的原因是，政府环保项目激励、新能源项目激励对企业有明确的设备购买、排放减少等方面的硬性要求，因而对企业专利数、新产品销售额的提升作用并不明显。

从分位数回归结果来看，财政激励对中、高创新绩效水平企业的促进作用将随着创新绩效的提升而减弱。相比于本身已经具备较强创新能力的企业来说，财政激励对低创新水平的企业促进作用更强。从企业特征来看，相比于国有企业、外资企业，财政激励对民营企业能够发挥更大的创新绩效提升作用；财政激励对中型企业、小型企业的创新绩效有着显著正向影响，而对大型企业而言这一影响并不显著，说明财政激励在中小型企业中能够发挥更大的绩效促进作用；财政激励在一般贸易及非出口型企业中能够发挥更大的创新促进作用；科技创新激励对大部分行业的企业均产生了绩效提升作用，特别是对电子设备行业这一新兴行业产生了显著正向影响，可见科技创新激励在行业中的政策效果得到了较好的发挥。

第七章是财政激励影响企业绩效的机制分析。本书发现财政激励主要通过融资机制、投资机制以及研发机制这三大机制对企业绩效发挥作用。具体而言，财政激励有助于缓解企业融资约束，有利于企业更好地进行融资活动，同时可以为企业创新投资提供重要的融资支持；财政激励优化了企业投资的外部环境，使得企业更有信心进行投资，同时刺激企业更多进行技术提升（如购买机器设备、数控机器等），促进企业进行投资和生产；财政激励提供了企业进行研发活动的资金，使得企业研发活动占用的经营活动资金有所缓解，从而增加了企业经营活动的现金流，同时刺激企业增加创新投入（如研发投入、人员投入等），有助于企业生产及创新绩效的改善。

本书还分别对以上三种影响机制进行实证检验，检验结果表明财政激励主要通过投资能力这一中介机制提升企业的财务绩效；财政激励影响企业生产率绩效是通过刺激企业加大投资以及研发行为进行的，同时相比于投资能力，研发投入这一机制发挥了更为重要的中介效应，对于企业全要素生产率的提升起到了更为重要的作用；财政激励对企业创新绩效的影响主要是通过刺激企业加大研发投入进行的。财政激励下企业融资信号机制的建立是一个长期的过程，其对企业绩效的影响可能存在着滞后，因而这一类中介效应的作用发挥还需经历一个较长的过程。同时，影响机制的分样本回归结果表明，投资能力、研发投入只有在投资、研发活跃的企业中才能有效发挥其中介作用，在投资、研发消极的企业中，其投资及研发能力与企业各类绩效的关联度较弱。要切实发挥财政激励的政策效果，必须打破现有企业依赖财政激励的现状，激发企业自身进行生产及研发的内在动力。

第八章是研究结论与政策启示。

第四节 难点与创新点

一、难点

（一）影响机制的检验

影响财政激励效果的因素是什么？财政激励具体通过怎样的途径来提升企业的绩效水平，这是实证研究过程中的一个重点。基于微观经济主体,本书将进行影响机制的实证分析,以更加全面的逻辑思路分析财政激励政策对企业财务绩效、生产率绩效、创新绩效的影响,通过对关键因素的考察,进而得出提升我国财政激励影响效果的路径和方法。

(二)实证分析的可靠性

由于本书研究对象的特殊性,必须格外关注实证分析中的内生性问题。针对财政激励政策研究中容易出现的内生性及遗漏变量问题,本书将根据具体研究主题选择适当的工具变量、倾向得分匹配等方式进行分析。如何选择适当的处理方法应对内生性、遗漏变量问题是本书的难点之一。

二、可能的创新点

本书以微观经济主体为研究视角,全面考察财政激励政策与企业绩效之间的关系,主要的创新点在于:

第一,多维度地检验财政激励对企业绩效的影响。现有针对财政激励影响企业绩效的研究大多从单一视角出发,研究财政激励对企业某一绩效的影响,而未能给予全面的分析与讨论。基于"中国企业—劳动力匹配调查"(CEES)数据,本书不仅对财政激励对企业财务绩效的影响进行实证检验,更分析了财政激励对企业生产率绩效、创新绩效的影响,以多维度地考察新常态背景下我国财政激励的影响效果。

第二,更加深入地对财政激励影响企业绩效的机制进行实证检验。现有研究多从企业行为角度判断财政激励对企业绩效产生了正向还是负向影响,而较少深入探讨这种影响的内在机制,更缺乏对影响机制的实证检验。在对影响机制进行理论梳理的基础上,本书分别对财政激励影响企业财务绩效、生产率绩效和创新绩效的机制进行检验,同时采用分位数回归的方法对财政激励政策的作用机制进行实证分析。

第三,采用新的微观企业数据来评估我国财政激励的实施效果。现有文献大多使用的是2013年以前的数据,很难有效捕捉现阶段特别是新常态以来,我国财政政策尤其是财政激励政策的实施现状。同时,以往对微观经济主体的实证研究也大多基于中国工业企业或上市公司数据,而忽略了对民营企业,特别是中小型民营企业这一重要经济体的分析。本书所采用的"中国企业—劳动力匹配调查"(CEES)数据不仅具有较强的时效性,更涵盖了不同所有制、不同规模企业的相关信息,为本书研究财政激励对企业绩效的影响提供了较为完备的数据信息。

第二章

相关概念与理论基础

本章主要介绍和梳理相关概念以及财政政策与企业绩效相关理论，包括政府干预经济理论、投入产出理论、内生增长理论、外部性理论、信息不对称理论、公共财政理论等，探讨政府干预企业发展的理论基础和依据。在此基础上，进一步对财政政策对于企业生产及经营行为的短期及长期影响进行经济学分析，以帮助了解财政政策影响企业绩效的具体方式。

第一节 相关概念的界定

企业绩效是指企业在一段时间内经营活动所取得的业绩，一般包括财务上的回报、生产率上的回报以及创新行为上的回报等内容。基于此，本书对于企业绩效的衡量主要从财务绩效、生产率绩效以及创新绩效等角度进行，并对这三类绩效进行概念和内涵界定。

一、财务绩效的概念与内涵

根据大卫·李嘉图（1817）的观点，由于真正的使用价值是指由最少的资本创造出最多的价值，当产出品的使用价值大于其投入价值时，财务绩效随之产生。因而，财务绩效主要是指产品或服务相对于其消耗的增加值。Bacidore 等（1997）认为，财务绩效的概念与财务绩效的衡量指标密切相关，良好的财务绩效衡量指标应该要代表在给定资本投入的前提下企业创造利润的能力。Wagner（2011）指出，财务绩效可以用资产收益率、销售利润率、托宾 Q 值、每股盈余等指标予以表示。杨东宁和周长辉（2004）认为，企业财务绩效是企业经济绩效的重要组成部分，主要是指企业被市场所体现的效率和价值，可为企业的经营管理提供决策支持。朱乃平等（2014）、杨皖苏和杨善林（2016）将财务绩效分为短期财务绩效和长期财务绩效，并指出短期财务绩效衡量的是企业的财务状况，包括盈利、运营能力等，而长期财务绩效反映投资者对企业未来经营状况的预期，主要通过企业的市场价值来进行衡量。

从以上分析来看，大部分学者将财务指标与市场指标作为反映企业财务绩效的重要方面，并认为财务绩效代表着企业投入产出效率。在本书中，财务绩效代表着企业资源的投入产出比。由于市场指标作为反映财务绩效的指标，容易受到市场波动的影响，无法排除误差的影响。相比而言，财务指标能够较为直接从会计报表中得到企业的相关经营状况。因此，本书对财务绩效的衡量主要通过财务指标来进行，具体的指标选取将在第四章中进行详细介绍。

二、生产率绩效的概念与内涵

与财务绩效强调投入产出效率不同，生产率绩效更强调技术水平及技术效率。生产率绩效是企业生产率的概念体现，衡量了企业各种要素（包括资本、劳动等）的平均产出状况。生产率最早由奎奈（1776）提出，主要是指劳动生产率、资本生产率等单要素生产率。之后的道格拉斯生产函数就是在这种框架下分析单要素的生产效率。1957年，索洛扩展了一般生产函数的概念，将技术效率加入到生产率当中，并提出全要素生产率的概念。这里的全要素生产率也可以称为技术进步，表现为不能以要素解释的残余项。Denison（1967）以索洛模型为基础，指出全要素生产率是产出增长率减去各类要素投入增长率后的效益余值，从而解决了全要素生产率的计算问题。全要素生产率的概念及计算方法的提出为世界上大多数国家评价经济增长质量提供了依据，渐渐地也被应用于评价企业的技术效率和经营状况。

总的来说，单要素生产率只能衡量某一种生产要素的产出效率，不能全面地衡量企业的产出效果。全要素生产率更能够反映企业各类生产要素的综合生产效率，并将技术进步、管理效率提升等纳入到分析范围，全面反映企业的综合绩效状况。因而，这里所说的生产率绩效是企业全要素生产率在微观上的表现。因此，本书对生产率绩效的衡量主要通过全要素生产率这一指标来进行，具体的指标选取将在第五章中进行详细介绍。

三、创新绩效的概念与内涵

作为现代企业创新理论的提出者,熊彼特(1934)首次将"创新"概念引入经济学,并指出创新通过新的生产函数创造出新的价值。他指出创新存在五种情况,分别是产品、市场、技术、资源配置和组织五个方面的创新。之后学者们的研究大多聚焦在创新的方法和方式上。Christiansen(2000)认为,良好的创新绩效是指企业能以相对少的时间和成本来满足客户现有或未来的需求,因而创新绩效更多为产出和效益的概念。Hagedoorn 和 Cloodt(2003)指出,创新绩效有狭义和广义之分,狭义的创新绩效是指企业将产品引入市场的程度,表现为推出新产品的能力如新产品销售比例等,广义的创新绩效是指全部创新活动的投入产出效率,不仅包含新产品销售,还包含研发投入、专利申请及授权等内容。国内学者如高建等(2004)对创新绩效进行了界定,指出创新绩效包括创新产出绩效和创新过程绩效两个方面,其中创新产出绩效是指企业创新活动所带来的效益和成效,创新过程绩效是指创新过程中的质量表现。

从以上定义来看,国内外学者对于创新绩效并未形成一个统一规范的界定,但均越来越强调创新的产出效率。在本书中,研发投入等创新投入、创新质量等创新过程指标的最终评价标准是创新的产出效率,因而创新绩效更强调创新产出的概念。因此,本书对创新绩效的衡量主要通过创新产出绩效这一指标来进行,具体的指标选取将在第六章中进行详细介绍。

第二节　财政激励与企业发展相关理论

地方政府的经济发展水平与微观企业的经营状况息息相关,因而政府与企业之间的具体关系可以从政府干预经济理论、投入产出理论以及内生增长理论等角度进行较为深入的分析。

一、政府干预经济理论

政府干预主要是指国家在经济运行过程中,有意识地对社会经济进行调控,从而规范市场运行。基于市场经济的基本规律,国家一方面通过宏观手段为微观经济营造良好的运行环境,实现资源配置的最优化;另一方面通过各类调节机制维持宏观经济的平稳持续发展。在微观经济运行过程中,政府干预是产业得以发展的重要手段。凯恩斯(1936)主张放弃经济自由主义,他强调了政府干预和调节经济的重要性,认为国家应该积极主动地参与到宏观经济运行中去。对于处于发展初期的战略性新兴产业,抑或是已经在国民经济市场中占有支柱地位的传统产业而言,政府的扶持和引导是重要的干预手段。政府的扶持和引导主要通过财政、金融或是行政等手段进行,而其中最为有效和快速的方法为财政手段。

政府干预企业发展的重要途径之一是解决其融资问题。一方面,政府通过直接的方式资助需扶持的企业,降低其融资难度,解决其经营中存在的资金困难问题;另一方面,通过政府干预为企业创造良好的金融环境,减少企业创新所面临的融资约束,降低创新活动中的不确定性和风险,提升企业进行创新的积极性和主动性。同时,通过财政激励的方式给予对企业发展潜力的肯定,降低企业进行融资的风险和难度,提高企业信用水平。因而,政府通过完善企业融资渠道,降低企业融资风险,可以促进企业进行更多的创新及生产投入,进而提升企业绩效水平。

市场上的信息不对称,以及企业研发及创新行为的不确定性,使得"逆向选择""道德风险"等问题不可避免的产生,这些问题的解决离不开政府的干预。政府采用宏观调控或者财政激励政策来弥补这些问题所带来的不足,有助于降低企业创新活动中存在的"道德风险",同时通过政府有效的监督和管理,缓解企业研发和经营过程中存在的信息不对称问题,从而减少企业发展中存在的"逆向选择"问题。

二、投入产出理论

"投入产出理论"是由"投入产出分析"原理发展而来的理论。它由美国里昂惕夫于1936年最早提出，可以定量地分析某一国家或地区在特定时间范围内投入和产出的关系。投入产出理论中"投入"是指生产过程中使用和消耗的物资，如劳动力、原材料、动力材料、技术等生产要素；"产出"主要是指这些消耗和使用的生产要素最终所形成的成果，具体包含中间产出和最终产出。在实践过程中，投入产出理论由于具有较强的操作性，被广泛用于经济分析、政策模拟和经济预测等方面。

企业的各类活动，如生产活动就是典型的具备投入产出性质的活动，本质上反映的就是投入产出问题。就生产活动而言，企业投入人力、原材料、机器设备等投入，生产出最终的产品，而产出可以带来企业生产和经营水平的变化。投入产出的效率反映的是企业的资产和劳动力在内部使用的效率，投入产出的效率越高，资产和劳动力使用的效率越高。同时，这种投入产出效率的提升也推动了企业创新水平提升，进而对企业的生产效率产生正向推动作用。

投入产出效率提升的过程也是企业生产技术提升的过程，由于生产技术提升涉及大量知识和技术的投入和产出，离不开技术资金、专业人员以及各类技术设备的支持。要达到较高的生产效率，仅仅依靠企业自身的力量存在一定的困难。同时，投入产出效率的提升不仅会通过转化为产品的方式提升企业的经营水平，更对整个社会的技术进步产生较大的推动作用。因而，企业生产行为的投入产出不仅是衡量企业生产活动是否有效率的重要标准，更是评价政府给予企业扶持，进而推动社会技术进步的重要指标。

三、内生增长理论

20世纪80年代中后期，经济增长理论成为经济研究的热点。在内生增长理论之前，新古典经济增长理论将劳动力和资本作为内生变量纳入增长模型，而将技术进步作为外生变量，并将规模收益不变、外生技术收益不变作为其基本假设，最终得出经济增长将趋于停滞的结论。作为对新古典经济增长理论的一大突破，内生增长理论将技术进步内生化，指出通过内在技术与知识的不断积累，可以实现既定投入下产出更高的目标，从而解释了经济持续增长的机制。

内生增长理论的代表人物 Romer（1983）认为，资本、劳动力、人力资本、知识是决定经济增长的新要素，并将知识和专业化的人力资本、技术进步作为促进经济增长的关键因素。Romer（1986、1989）通过构建知识溢出模型，指出内生化的技术进步是促进经济增长的唯一源泉，知识和技术进步可以通过自身较强的溢出效应提高全社会的生产效率。由于外溢性效应的存在，内生增长理论认为政府应制定促进经济发展的政策，适当的干预经济运行。

在内生增长模型框架下，规模效应导致全球化进程中的产业更加集中和更高的增长，促使政府通过激励政策干预经济发展。根据内生增长理论，一国以人力资本、知识和技术进步为核心的内生变量会受到政府各项政策特别是财政政策的影响（安体富、郭庆旺，1998）。政府应制定各种政策来对知识、技术进步的溢出进行弥补，通过鼓励企业进行人力资本积累、知识积累、技术进步来实现知识外溢，进而推动经济的长期持续发展。

第三节 公共财政与市场失灵相关理论

企业的经营与发展特别是研发行为与一国的经济和创新水平密切相关，而企业的研发行为由于具有很强的外部性和风险性，使得企业的发展离不开公共财政的支持。具体来看，可以从外部性理论、信息不对称理论以及公共财政理论等角度进一步地分析这种支持存在的理论基础与依据。

一、外部性理论

外部性理论由 Marshall 于 1890 年首次提出，在其著作《经济学原理》中，外部性是指某一主体的行为会给其他经济社会主体带来的积极或消极的影响。Buchanan 和 Stubblebine（1962）认为，经济具有外部性是指某类人效用函数中的相关要素被另外一类人所掌握，也即某个经济主体的福利函数中包含了其他经济主体的行为，但该经济主体并没有向其他经济主体提供报酬或索取补偿。从类别来看，外部性包含正外部性和负外部性两种。其中，正外部性是指某个经济主体的生产或者消费能够使得其他经济主体受益，对经济活动产生了积极效果；负外部性是指某一经济主体的生产或消费产生损失或不利影响，部分损失或不利影响由其他经济主体来承担。

庇古（2007）指出，当私人边际效益小于社会边际效益时，产生外部性的经济主体没有得到全部的收益，表明存在正外部性；当私人边际成本小于社会边际成本时，经济主体并没有承担完全的经济成本，表明存在负外部性。由于负外部性的存在，市场中容易出现失灵的问题，也即市场不能有效地进行资源配置，难以达到帕累托最优的状态。此时，需要政府采取措施来解决负外部性所带来的资源配置的问题。政府解决外部性的重要方式是引导经济参与者将外部性内部化。为使得市场均衡向最优化发展，正外部性需要政府通过财政激励的方式进行鼓励。

对于生产性企业来说，外部性问题广泛存在，其中技术创新就是一种正外部性的典型活动。技术创新主要是通过研发投入这一行为进行的，通过研发产生新产品和新制造工艺，二者存在着技术溢出效应，有助于推动同行业企业的发展以及全社会的进步进而提升社会福利。这就使得进行技术创新的企业难以享受研发投入所带来的全部创新成果，其技术创新的积极性受到较大影响，最终导致企业研发投入相对不足。研发行为公共性及外部性问题解决的重要途径即为政府干预。为鼓励企业实现效益的正外部性，政府应当采取适当的财税激励政策以激励企业的生产与创新行为。政府通过财政激励或税收减免的方式对进行技术创新的企业进行弥补,降低其创新成本,实现企业私人收益曲线与社会收益曲线的统一,从而提高其创新的积极性,促进创新产出增加。

二、信息不对称理论

古典经济学理论认为,在一般均衡状态下,市场竞争能够使得经济的资源配置达到帕累托最优状态。然而,在现实经济生活中,由于外部性、信息不对称、垄断等问题的存在,市场难以实现一般均衡,难以实现资源配置效率的最大化,从而出现失灵的问题。在市场失灵状态下,完全依靠市场的力量已难以实现资源的最优化配置,此时人们需要借助于非市场主体——政府的力量来配置资源,以规避市场失灵所带来的低效率状况。

信息不对称是导致市场失灵的一种重要原因之一。信息不对称表现为参与交易的双方所掌握的信息不一致,一方比另外一方掌握了更多有关交易对象的信息。信息不对称导致了价格机制扭曲,市场效率低下,最终造成市场失灵。政府进行财政激励的过程就是一个存在着信息不对称的过程。政府发放财政激励的目标是促进产业发展、推动地方经济增长以及保持就业稳定。这些目标的实现与财政激励对象也就企业的发展能力和发展潜力密切相关。相比于企业,政府处于信息劣势,从而政府与企业二者当中存在着信息不对称。这种信息不对称使得政府选择财政激励对象的主要依据是企业申请时的财务状况,而忽略了对具有创新潜力企业的重视以及财政激励使用效率的评估。

信息不对称的情况一方面使得政府难以客观地找到最为合适的财政激励对象,从而导致财政激励更多的集中于某一行业或某类企业,产生不公平的问题,并在一定程度上影响了财政激励资源的有效配置;另一方面,政府难以对财政资金的去向及使用效果进行监督。如企业可能将生产性的资金用于非生产性行为,而不是创新这种风险性较高、外部性较强的行为,从而不利于企业长期的创新与发展,财政激励的预期目标也将难以实现。适当的财政激励政策,应更加重视财政激励的公平及效率。

三、公共财政理论

公共财政是指国家通过整合社会资源，为社会成员提供公共产品及公共服务，满足全体社会成员的生产与生活需求。公共财政提供公共产品、干预经济运行的行为，建立在弥补市场失灵的基础上。在市场经济的运行机制中，当存在市场调节困难或效果不理想的情况时，政府需要介入并进行干预。公共财政所涉及的范围主要是收入和支出，其中收入的基本来源是依法取得的税收收入，支出的基本目标是弥补市场失灵缺陷。针对市场中出现的具备非竞争性、非排他性特征的公共产品，政府需通过公共财政的方式来解决供给不足或"搭便车"等问题。

与市场提供私人产品不同，政府提供的主要是公共产品。公共产品通常具有非排他性、非竞争性的特点。非排他性是指人们在消费某一种公共产品时，不能排除其他人对该公共产品的消费。非竞争性是指增加一个公共产品的消费者时，不会影响其他消费者对该公共产品的消费水平。正是由于这两大属性的存在，使得市场在这两种公共产品的提供上存在着供给不足的问题，需要政府通过公共财政等手段来进行提供。

科技进步与创新是保持经济持续发展的决定性力量。由于创新成果容易经过复制被广泛推广，因而难以排除其他企业或个人对科技进步的技术分享。企业的创新活动本身就是一种同时具备非排他性及非竞争性的公共产品，使得企业在研发及创新行为上可能会存在动力不足的问题。这种情形需要公共财政进行有必要的干预，加大对科技创新的投入，激发企业进行创新的积极性和动力，使得科技创新投入达到最优水平。政府通过公共财政对创新活动进行适当的干预，在长远来看将会形成较高的社会收益，对经济增长将产生较为明显的推动作用。

第四节 财政激励影响企业绩效的经济学分析

一般认为，政府对企业实施财政激励的主要目的在于：一方面，促使某些产业的企业经济效益在短期内得以改善,从而扶持该类产业发展;另一方面,通过对企业实施持续性的财政激励政策,促进企业长期稳定发展,使其创造更多的就业岗位,维护经济和社会稳定。总体来看,只有通过影响企业的生产经营行为,才能实现这样的经济目标。本节将重点分析财政政策对于企业生产行为的短期及长期影响。

企业的生产经营活动主要包括从市场上购买投入品以及向市场提供产出品两种方式,意味着企业在不同的市场上既是需求者又是供给者。财政政策既可以通过投入端,又可以通过需求端对企业生产产生影响。由于针对企业需求端的影响,主要通过政府对投入品实施激励政策从而影响投入品价格进行,而这可能更多的与政府的行为,而不是企业的经营状况相关。因而,本节借鉴李扬(2017)的做法,更多关注财政政策对于企业产出端的影响,分析主要围绕财政政策影响企业产出的角度进行。

一、对企业产出的短期影响

企业生产经营活动有短期及长期之分,短期内政府行为对于企业生产的影响主要是通过影响企业的劳动、原料等要素投入进行的。财政激励为企业在正常经营之外提供了额外的资金投入,一方面,企业财务资金状况有所改善;另一方面,企业获得了可能推进其往更长远发展也即获得利润的资金。因而,企业接受财政激励后可能会处于以下状态之一:弥补成本或得到些许利润;获得平均利润;获得超额利润(李扬,2017)。在前两种状态中,财政激励更多为企业带来的是维持生存的作用;而后一种状态中,财政激励使得企业不仅仅能够维持生存,还获得了额外的收入,从而促进了其发展。下面,本节将主要介绍财政激励对企业供给的短期影响。

现假设市场中只有一家企业 A,其投入单一原材料 I,产出单一产品 Q。企业 A 的总产量曲线如图 2-1 所示。图中,横轴代表投入品数量,纵轴代表产出品数量,其中向上凸起的曲线为总产量曲线。根据边际效应递减规律,在其他条件不变的情况下,随着投入要素连续等量增加,达到一定产值后,产品增量会下降即边际产出下降,从而总产量下降。因而,总产量曲线呈现的状态为：先以递增的速度上升，后以递减的速度上升。

在政府并未给予财政激励的条件下，企业要实现均衡利润最大化，总产量曲线上在均衡点上的斜率等于投入品与产出品价格之比，即投入一单位 I 的边际产量需等于投入品与产出品的相对价格。如图 2-1 所示，KB 所在的直线与总产量曲线相切，此时 OK 为均衡条件下的产量。当政府对企业的产出品价格进行财政激励时，产出品市场价格未变，而企业所得到的实际产出品价格上升。此时，企业要实现均衡，获取最大利润，只能通过 B 点移至 B'，从而总产量曲线上新的均衡点 B' 的斜率等于新的投入品与产出品价格之比。在这一点上，企业的产出品由 OL 增加至 OL'，利润从 OK 增加到 OK'。以上分析表明，财政激励短期内会对企业利润等经营指标产生正向促进作用。

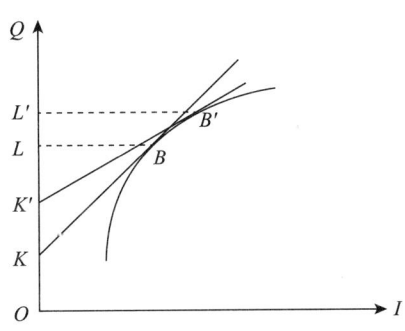

图 2-1　财政激励对企业产出的短期影响

二、对企业产出的长期影响

财政激励对于企业长期生产行为的影响主要体现在促进企业进行长期性投资上。一方面，政府通过对企业产出品进行财政激励，为企业带来超额利润，而这笔超额利润可以为企业投资所用；另一方面，长期性的财政激励大多带有投资导向性质，如投资类财政激励、技术创新类财政激励等。这里的长期性财政激励行为表现出的是政府的间接投资行为，政府将资金转移给企业等私人部门，由这些私人部门进行投资。对企业投资行为的刺激最终会带来国家经济增长以及创新能力的提升，因而分析财政激励对企业供给的长期影响非常重要。

为简单起见,假设全社会有两大产业群体:获得财政激励的产业群;未获得财政激励的产业群,同时,其他投资、资产、增长和供给结构都是对应的。假设获得财政激励产业群的产出为 X,而未获得财政激励产业群的产出为 Y,CD 为产业的生产可能性曲线,AB 为产业总和等收益线。如图 2-2 所示,在政府并未实施财政激励政策前,X 和 Y 两种产品的均衡产量分别为 PX_1 和 PY_1。在政府对企业投资实施财政激励后,长远上促进了企业技术提升,增加了投入的产出效率,使得社会的生产可能性曲线 CD 右移,移至 $C'D'$,同时产业总和等收益线发生位移,移至与 AB 平行的 $A'B_1$。同时,由于政府主要对产品 X 进行财政激励,使得产品 X 增加的数量相比 Y 更多,因而产业总和等收益线会沿着横轴达到 $A'B'$,从而形成新的均衡点。总体来说,财政激励在长期内增加了总供给,改变了供给结构。以上分析表明,财政激励长期内影响的更多的是企业的长期投资与效率提升。

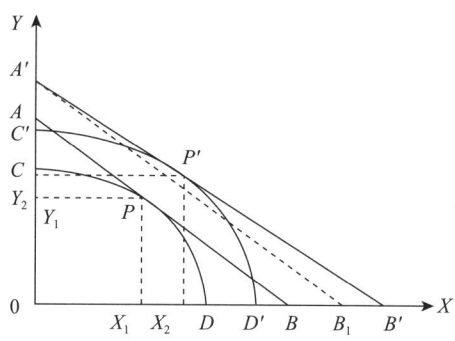

图 2-2 财政激励对企业供给的长期影响

第五节 本章小结

本章梳理和探讨了财政激励与企业发展的相关理论,从财政政策与企业发展、公共财政与市场失灵两个角度深入剖析政府干预企业发展的理论依据。经过理论分析得出：企业的投入产出效率、技术效率的提升关系整个经济的发展，离不开政府与公共财政的支持，政府应制定各种政策鼓励企业进行人力资本积累、知识积累、技术进步来实现知识外溢，进而推动经济的长期持续发展。由于外部性问题的存在，企业在研发及创新行为上可能会存在动力不足的问题。这种情形需要公共财政进行有必要的干预，加大对科技创新的投入，激发企业进行创新的积极性和动力，使得科技创新投入达到最优水平。政府通过公共财政对创新活动进行适当的干预，在长远来看将会形成较高的社会收益，对经济增长将产生较为明显的推动作用。

  基于以上理论，本书对财政激励对企业生产的影响进行了经济学分析。本书发现，企业的生产经营活动主要包括从市场上购买投入品以及向市场提供产出品两种方式，意味着企业在不同的市场上既是需求者又是供给者。财政政策既可以通过投入端，又可以通过需求端对于企业生产产生影响。由于针对企业需求端的影响，主要通过政府对投入品实施激励从而影响投入品价格进行，这可能更多与政府的行为而不是企业的经营状况相关。因而，本书更多关注财政政策对于企业产出端的影响，围绕企业产品供给的角度，研究发现短期内政府行为对企业生产的影响主要是通过影响企业的劳动、原料等要素投入进行的，在长期中，财政激励对企业长期生产行为的影响主要体现在促进企业进行长期性投资上。以上分析表明，财政激励对企业生产及经营产生了不同时段的影响，在短期内对企业利润影响较大，而长期内影响更多的是企业的长期投资与效率提升。

第三章

我国财政激励政策与企业绩效的描述性分析

第三章 我国财政激励政策与企业绩效的描述性分析

本章将对本书所使用的一手调查数据进行详细介绍,在此基础上,重点对我国财政激励政策的类型、规模以及企业具体的绩效状况进行数据统计,并进一步区分企业特征进行异质性分析,为后文实证分析及检验提供依据和思路。

第一节 数据来源

本书所采用的数据来自2016年"中国企业—劳动力匹配调查",这一调查数据具有较强的时效性和代表性,能够较为全面地反映新常态下财政激励政策对企业绩效的影响。本节将重点介绍这一调查的背景情况、调查的基本内容、调查方法,以及调查样本及调查数量。

一、调查背景

新常态下随着人口红利的逐渐消失,以往依靠低劳动力成本的生产模式已难以为继。那么,面对这一重大发展环境变化,企业的发展会受到什么影响?企业应采取何种措施来应对这一环境变化所带来的挑战?这是中国经济发展亟需解决地重大现实问题。现有针对这一问题的研究大多使用的是我国经济进入新常态以前的数据,这些数据存在着样本容量较小、调查内容单一等关键问题,难以反映这一重要时期企业行为的变化。因而,有必要通过最新的、大范围的企业调查来弥补这一研究数据的缺乏。

在这一背景下,武汉大学、香港科技大学、清华大学和中国社科院四家科研机构,开展了以学术研究为主要目标的大规模一手企业调查——"中国企业—劳动力匹配调查"(简称 CEES)。该调查最初于2012年启动,经过2年的问卷设计、试调查以及沟通协调,并通过2014年10月—2015年5月先后5次实地仿真调查及总结试错经验,最终于2015年5月—8月在广东省完成了第一次实地调查工作。一方面,选取我国经济总量最大、制造业规模最大、地区经济发展水平差距显著的广东省作为调查区域,从而保证调查对象具有较好的样本异质性与代表性。另一方面，作为制造业第一大省，广东省最早面临劳动力成本上升所带来的转型升级压力，制造业企业如何应对转型升级需要成为广东省经济发展需要解决的重大问题。最终，该次调查成功地获取了广东省570家企业和4794名员工的有效问卷。

为动态追踪这些企业的发展情况，武汉大学等四家机构于2016年5月—8月对广东省样本企业和员工进行了追踪调查。同时，为进一步对比分析中国不同区域制造业企业转型升级状况，CEES调查选取经济总量居于我国中上水平的湖北省作为对照省份，按照同样的方法和内容对湖北省制造业企业进行了调查。该次大规模调查共计300余名专家学者和博士/硕士生参与，最终完成了对广东省13个城市、19个县级区域、537家企业、4989名员工，以及湖北省13个城市、20个县级区域、585家企业、4114名员工的调查工作。其中，针对广东省的调查共计成功追踪了487家企业、2575名员工。样本追踪的成功保证了调查数据的年份连续性，从而形成了三年的面板数据。

二、调查内容与方法

为了全面反映企业在新常态下转型升级与创新行为的最新状况，该调查在企业成本与收入、利润、投资等指标基础之上，还重点调查了企业的技术创新、智能化、信息化状况、生产方式、绩效管理、产品质量等方面的内容。其中，技术创新主要包括企业的研发投入、研发人员、研发模式、研发交流等方面；智能化主要包括企业的智能化投资、数字化机器、机器人投资等方面；信息化主要包括企业的信息化投入、数据平台建立、互联网建设等内容；生产方式主要包括生产外包、研发外包等内容；绩效管理主要包括企业的管理方法、激励制度等方面；产品质量主要包括质量阶梯、质量竞争力等方面。

企业转型升级，尤其是创新能力的一个重要决定因素就是员工的人力资本水平。针对员工在新常态下的变化，该调查的内容具体包括员工的工资变化、工作岗位的变迁、工作内容的演变、社会福利状况、人力资本投资行为、技能与创新能力等信息。

从企业信息、企业家个人信息和员工信息三者匹配的角度上说，该调查是除丹麦、挪威等北欧小型经济体之外，来自大型发展中经济体的首个大样本企业调查。该调查首次从企业层面完整收集了创新绩效、企业规模、年龄、资本、所有制类型、出口类型等信息。最为重要的是，对企业所获得的财政激励金额及类型进行了较为详细的统计。同时，大部分数据均涵盖 2013—2015 年三年的时间，从而对于本书从财政激励视角研究中国企业的绩效问题提供了较为完备的数据信息。

中国企业—劳动力匹配调查主要采用入企现场调查、统计分析、调查质量管理等方法，以保证调查的真实性和科学性。

（一）入企现场调查方法

为保证调查的真实性与数据的科学性，该调查采用入企调查的方法来获得数据。所有调查样本责任落实到人，调查员需要对所要调查的企业进行提前拜访联系和摸底，正式调查时要携带调查问卷入企并上报访问的具体情况，回收时要现场对问卷进行检查，并及时补充空白问题或更正错误答案。此外，调查员还需要通过实地走访的方式，详细记录倒闭、停产、搬迁等类型企业的状况。

（二）统计分析方法

调查数据采集以后，执行该调查的机构使用 Stata 对其进行了详细的清洗和整理。首先，将数据类型进行统一化处理，区分数值型、序数型、文本型数据，并将不规范的数据进行筛选和处理；其次，完成对不同地区、不同行业、不同类型数据的统计性描述；最后，通过回归分析方法对关键性问题进行严格的实证分析与检验。

（三）调查质量管理方法

调查期间组成调查指挥部，由总指挥长负责调查的总体协调、调查进度、质量保证等方面。指挥部下设执行部门和质量控制部门。执行部下设 10 个片区，每个片区包含 3—4 个城市，6—8 个调查小组，片区设立主任 1 名，全面统筹片区内调查任务。质量控制部门在总部设立总督导 1 名，每个小组设立 1 名小组督导，小组督导负责对调查方法、调查内容进行解释，以及对调查质量进行检查与督促。总督导对小组督导进行垂直管理。执行系统和督导系统并行，以同时保证调查的进度和调查的质量。通过现场核实、检验是否随机抽样、数据的逻辑检验和确认被调查对象身份等方法，从调查全过程保证了质量要求。

三、调查样本确定与样本数量

与现有企业数据相比，该调查采取了严格的随机分层抽样方式，即根据等距抽样原则，分别从湖北省、广东省随机抽取 13 个地级市，并从 13 个地级市下辖的区（县）中，等距抽选出 19 个区（县）作为最终调查单元。企业样本根据第三次经济普查企业清单按企业员工人数进行加权抽样，员工样本则根据调查企业实际员工名单按中高层 30%、一线员工 70% 进行分层随机抽样。基于严格的随机分层抽样方式，该调查企业的概率分布特征与企业总体、员工总体的真实分布较为一致。

（一）调查样本确定

以广东省调查样本为例，调查的基本单元是县（区），因而总体的抽样框是广东省的 121 个区县，在其中随机抽取 20 个调查单元（由于深圳市宝安区规模较大，将其设为双样本），共 19 个区县。抽样程序是：

第一步，按照随机的方法对 121 个区县和制造业就业人数进行排序；

第二步，以制造业就业人数除以抽样地区数 19 的数值作为抽样间距；

第三步，第一个区域样本由抽样间距与某个随机数的和来确定，之后的 18 个区域样本采用依次加抽样间距的方法确定。湖北省调查单元的确定方法与广东省一致。按此方法确定的最终调查区域如表 3-1 所示。

对调查区域内的调查企业进行抽样，步骤如下：

第一步，按照随机的方法对调查区域内的所有制造业企业进行排序；以制造业企业就业人数加总除以企业样本数 50 的数值作为抽样间距；取抽样间距与随机数（0，1）乘积的整数作为第一个企业样本。

第三章 我国财政激励政策与企业绩效的描述性分析

表 3-1　　　　　　　　调查区域样本抽取结果

省代码	城市代码	市名	区代码	区名
1	1	广州	31	海珠区
	1	广州	32	番禺区
	2	深圳	33	宝安区（双倍样本）
	2	深圳	34	龙岗区
	3	珠海	35	斗门区
	4	佛山	36	禅城区
	4	佛山	37	顺德区
	5	江门	38	恩平市
	6	湛江	39	廉江市
	7	肇庆	40	四会市
	8	惠州	41	惠城区
	9	阳江	42	阳西县
	10	中山	43	中山
	11	潮州	44	湘桥区
	12	揭阳	45	揭东县
	13	东莞	46	道滘、沙田、厚街
	13	东莞	47	长安
	13	东莞	48	东城
	13	东莞	49	常平、桥头、横沥、东坑、企石、石排、茶山、松山湖
2	1	武汉市	6	青山区
	1	武汉市	7	洪山区
	1	武汉市	10	蔡甸区
	1	武汉市	12	黄陂区
	2	黄石市	19	阳新县
	3	十堰市	27	丹江口市
	4	宜昌市	32	夷陵区
	4	宜昌市	39	当阳市
	5	襄阳市	42	樊城区
	5	襄阳市	43	襄州区
	6	鄂州市	51	华容区
	7	孝感市	60	大悟县
	7	孝感市	64	汉川市
	8	荆州市	71	石首市
	9	黄冈市	74	黄州区
	9	黄冈市	79	浠水县
	11	随州市	92	随县
	13	仙桃市	102	仙桃市
	14	潜江市	103	潜江市
	15	天门市	104	天门市

第二步，依次加抽样间距确定剩余的49家样本企业，当出现企业人数大于抽样间距而出现同一家企业被选中两次的情况时，按照顺延的方法将相邻的下一家企业作为样本企业。

第三步，在正式调查实施时，为保障样本选择的同质性，以50家样本企业中的前36家为调查样本。为严格控制调查质量，当前36家企业存在无法找到或者已经倒闭的情况时，依次向下一家企业顺延，补齐36家调查样本；当前36家企业存在拒绝调查的情况时，依次向下一家企业顺延，直到完成36家样本企业的调研。

（二）调查样本数量

经过数据清洗和样本甄别，2016年CEES最终确定的有效样本如表3-2所示。

表3-2　　　　　2016年*CEES*最终有效样本数量　　　　　单位：家

	企业		员工	
	2015年样本	2016年新样本	2015年样本	2016年新样本
广东省	487	50	2414	2575
湖北省	—	585	—	4114

第二节　我国财政激励政策分析

作为政府激励的重要方式，财政激励是指政府根据特定的经济、政治目标，向企业提供的无偿性转移支付。一般认为，财政激励项目可以被划分为三大系列：计划系列、认定系列和专项系列，其中计划系列主要是指各类产业发展计划、科技支撑计划等，认定系列主要是指对符合特定条件的企业，如高新技术企业、高新技术成果转化项目等进行认定，而专项系列主要是以政府专项财政激励资金的形式对国家重点扶持的产业和项目进行激励（龙成武，2015）。

由于财政激励的多样性和复杂性，要针对企业每一项财政激励分项数据进行统计与搜集存在较大困难。因而,本书所依据的中国企业—劳动力匹配调查(CEES),对企业所享受的财政激励总额以及较为重要的几个财政激励分项进行了重点统计,尤其对财政激励中的科技创新激励进行了分别统计。科技创新激励主要针对企业的科技创新活动,能够衡量财政激励对企业创新绩效的直接影响,具体包含高新技术激励、技改资金、环保项目激励、新能源项目激励四大类别。需要指出的是,财政激励是一个大类,科技创新激励是属于其中的一个类别;同时,由于科技创新激励包含种类众多,其包含但不限于上述四种类别。

一、总体情况统计

本书统计了参与调研的企业中,获得财政激励、科技创新激励的企业占比情况。如表 3-3 所示,获得财政激励的企业占到了样本企业的 31.35%,即 31.35% 的企业在 2012—2015 年四年间享受到了政府所给予的财政激励。在全部制造业样本企业中,获得科技创新激励的企业占比仅为 10.77%,远低于获得财政激励的企业占比。科技创新激励更多针对的是科技创新型企业或是这些企业的自主研发、高新技术成果转化等行为,具有较强的技术要求,因而获得的企业数量相对而言较少。以上数据表明,获得财政激励特别是科技创新激励的企业在制造业全部样本企业中的比例并不高。同时,在描述性统计部分,本书对财政激励进行了规模化处理,以观察人均激励数额(财政激励总额与企业员工人数的比值)的相关情况。就获得财政激励的企业而言,其人均激励数额的平均值为 0.31 万元,中位数为 0.08 万元,中位数的数值较平均值相对较低,表明人均财政激励并不是正态分布的,而是呈现出较为明显的偏态分布特点。95 分位点的人均激励数额为 1.32 万元,远高于平均值及中位数,表明较高金额的财政激励仅被较少一部分的企业所获得,大部分企业获得的财政激励金额较低。对于获得科技创新激励的企业而言,其平均值、中位数、95 分位点的分布情况同财政激励的分布一致。人均科技创新激励呈现出偏态分布特点,但偏离程度与人均财政激励相比有所降低,这可能与获得科技创新激励的企业数量相对较少有关。

表 3-3　　　　中国制造业企业获得的财政激励情况　　　　单位：万元

	财政激励	科技创新激励
获得财政激励的企业占比	31.35%	10.77%
企业人均激励数额的平均值	0.31	0.11
企业人均激励数额的中位数	0.08	0.05
企业人均激励数额的95%分位数	1.32	0.48

本书将科技创新激励划分为高新技术激励、技改资金、环保项目激励、新能源项目激励四个类别，分别考察企业获得的这四类科技创新激励的相关情况。如表 3-4 所示，获得高新技术激励（3.73%）、技改资金（2.44%）的企业占比要远高于环保项目（0.7%）、新能源项目占比（0.12%），说明更多的制造业企业获得的科技创新激励为高新技术激励与技改资金。从人均激励数额来看，四类科技创新激励的中位数均低于平均值，说明这四类财政激励的分布均呈现出偏态分布特点，也就是说更多的科技创新激励为少数的企业所获得。同时，从数据结果来看，高新技术激励、技改资金、环保项目激励、新能源项目激励四类财政激励占科技创新激励的比重较大，能够较为全面地反映制造业企业所获得的创新类财政激励状况。

表 3-4　　　　中国制造业企业获得四类科技创新激励情况　　　　单位：万元

	高新技术激励	技改资金	环保项目激励	新能源项目激励
获得财政激励的企业占比	3.73%	2.44%	0.7%	0.12%
企业人均激励数额的平均值	0.06	0.15	0.05	0.57
企业人均激励数额的中位数	0.03	0.04	0.02	0.46
企业人均激励数额的95%分位数	0.23	0.55	0.20	0.92

二、分企业特征统计

考虑到财政激励具有较强的针对性，不同特征企业所获得的财政激励存在较大的异质性。本部分内容将分析不同所有制、不同规模、不同出口类型以及不同行业企业所面临的财政激励政策的差异，对比分析得出现阶段我国政府扶持制造业企业发展的政策侧重点和差异所在。

(一) 企业性质

针对目前中央进一步优化民营企业经营环境的要求，了解当前我国民营企业所面临的政府扶持，特别是财政激励状况有着较为重要的现实意义。本书将制造业企业根据所有制性质划分为国有企业、民营企业、中国港澳台企业及外资企业，以观测它们在获得财政激励、科技创新激励上的差异。不同所有制性质企业所获得的财政激励情况如表3-5所示。

表3-5　　　不同所有制性质企业获得的财政激励情况　　　单位：万元

	不同企业类别中获得财政激励的企业占比	获得财政激励企业的人均激励数额
国有企业	45.33%	0.42
民营企业	26.67%	0.36
中国港澳台企业	32%	0.08
外资企业	38.14%	0.06

表3-5表明，政府的财政激励向国有企业严重倾斜。就获得财政激励的企业占比而言，国有企业中获得财政激励的企业占比为45.33%，其次为外资企业、中国港澳台企业，民营企业占比最低，为26.67%，大大低于国有企业的比重。就获得财政激励的人均激励数额而言，仍然是国有企业所获得的人均财政激励金额最高，其次为民营企业、中国港澳台企业、外资企业。一般认为，有政治关联的企业更容易获得财政激励（Fassio，2006；Fraser，et al.，2006），同时国有股权占比对企业获得的财政激励具有显著正向影响（刘浩，2002），因而国有企业能够获得更高金额的财政激励。相比而言，国家对于民营企业的政策扶持力度还有待加强。

对比科技创新激励情况，可以发现不同性质企业中获得科技创新激励的占比要大大低于获得财政激励的占比（如表3-6所示）。其中，国有企业中获得财政激励的占比为8.86%；其次为民营企业，占比为6.91%；外资企业占比为1.9%,而中国港澳台企业占比最低,为0.84%。获得的人均财政激励数额有着相似的结果。这表明,相较于外资企业,国有企业、民营企业在获得科技创新激励上具有更大的优势。同时,民营企业虽然获得财政激励的占比不高,但获得科技创新激励的比例与国有企业相比相差不大,表明民营企业在获得科技创新激励上同国有企业差距较小,且能够获得比中国港澳台企业及外资企业相对多的科技创新激励。这可能与民营企业在创新活动上更具有活力相关。

表3-6　　　　　　不同性质企业获得的科技创新激励情况　　　　　单位:万元

	不同企业类别中获得科技创新激励的企业占比	获得科技创新激励企业的人均激励数额
国有企业	8.86%	0.21
民营企业	6.91%	0.11
中国港澳台企业	0.84%	0.01
外资企业	1.9%	0.002

(二) 企业规模

本书考虑不同规模企业获得的财政激励的差异。表3-7为不同规模企业获得的财政激励情况,此处列示的是企业平均获得的财政激励金额,以反映政府是否更多地根据企业规模确定财政激励对象。从数据结果来看,2012—2015年,超过一半的大型企业均获得了政府的财政激励,其占比达到了54.17%;其次为中型企业,占比为41.89%,而只有不到1/3的小型企业获得了财政激励,占比仅为21.92%。从获得财政激励的企业平均获得的财政激励金额来看,大型企业获得了最多的财政激励,平均金额达到146.56万元;其次为中型企业的100.26万元;小型企业获得的财政激励数额相对最低,为51.03万元,仅占到了大型企业所获得金额的1/3。由于部分财政激励项目的申请与企业资产、规模密切相关,政府在选取财政激励对象时更倾向于激励"强者",也就是规模更大的企业(苏振东等,2012),因而相比于小型企业,大中型企业在获得财政激励上更具有优势。

表 3-7　　　　不同规模企业获得的财政激励情况　　　　单位：万元

	不同企业类别中获得财政激励的企业占比	获得财政激励企业的人均激励数额
大型企业	54.17%	146.56
中型企业	41.89%	100.26
小型企业	21.92%	51.03

就不同规模企业获得的科技创新激励情况来看，表 3-8 表明，不同于财政激励的是，中型企业中获得科技创新激励的企业占比最高，达到了 8.01%；其次为大型企业，占比为 6.69%；小型企业仍然占比最低。同样的，获得科技创新激励的企业中，大型企业平均获得的财政激励金额最高，略高于中型企业，而小型企业获得的财政激励金额最低，占比不足大型企业金额的 60%。表明，相比于大型企业与中型企业，小型企业能够获得的科技创新激励有限。同时，可以看到，虽然大型企业与中型企业在财政激励金额上存在较大差异，其所获得的科技创新激励金额的差异并不明显，说明大型企业相比中型企业获得的更多财政激励来自除科技创新激励外的其他类型财政激励。

表 3-8　　　　不同规模企业获得的科技创新激励情况　　　　单位：万元

	不同企业类别中获得科技创新激励的企业占比	获得科技创新激励企业的人均激励数额
大型企业	6.69%	16.83
中型企业	8.01%	14.26
小型企业	5.79%	9.82

（三）出口类型

同时，本书对比分析了不同出口类型企业在获得财政激励金额上的差异。数据结果如表 3-9 所示，一般贸易企业中获得财政激励的企业占比最高，为 44.68%；其次为加工贸易企业，占比达到 32.95%；非出口企业占比最低，为 25.34%；表明出口企业相比非出口企业能够获得更多地财政激励。从获得财政激励企业的人均激励数额来看，非出口企业最高，依次为一般贸易和加工贸易企业。特别是加工贸易企业,其所获得的财政激励金额最低。我国财政激励具有非常明显的出口偏好、规模偏好和国有偏好特征,因而对不同类型的企业具有异质影响(耿强、胡睿欣,2013)。政府激励企业的行为更多地体现为"扶持强者",也就是说政府会倾向于激励出口或全要素生产率较强的企业(邵敏、包群,2011)。在出口企业中,一般贸易企业能够获得更多的财政激励。相比于非出口企业,出口企业能够享受到国家更多的财政、税收方面的优惠政策,因而更容易获得财政激励。

表 3-9　　不同出口类型企业获得的财政激励情况　　单位:万元

	不同企业类别中获得财政激励的企业占比	获得财政激励企业的人均激励数额
一般贸易企业	44.68%	0.20
加工贸易企业	32.95%	0.09
非出口企业	25.34%	0.48

不同出口类型企业获得的科技创新激励情况如表 3-10 所示。与财政激励状况相反的是,非出口企业中获得科技创新激励的企业占比最高,其次为一般贸易企业,加工贸易企业占比最低,仅占不到 1%。同时,从人均激励数额来看,非出口企业所获得的财政激励数额最高,而一般贸易企业和加工贸易企业相差不大。这表明,相较于出口企业,非出口企业在获得科技创新激励上具有优势,特别是与加工贸易企业相比,这一优势更加明显。一般而言,加工贸易企业更多从事的是简单的附加值较低的加工工作,与创新激励申请条件存在一定的差距,因而能够达到申请条件的企业较少,且所获得的科技创新激励较少。

表 3-10　　不同出口类型企业获得的科技创新激励情况　　单位:万元

	不同企业类别中获得科技创新激励的企业占比	获得科技创新激励企业的人均激励数额
一般贸易企业	6.42%	0.07
加工贸易企业	0.85%	0.07
非出口企业	7.37%	0.13

第三章 我国财政激励政策与企业绩效的描述性分析

(四) 所属行业

本书还区分了企业所属行业来分析不同行业企业获得的财政激励的差异。表3-11数据表明,食品行业、化工业、电子设备行业、机械设备制造业中获得财政激励的企业占比较高,而皮革与纺织业、非金属行业、金属行业占比较低。从人均激励数额来看,结果与获得财政激励的企业占比一致,仍然是食品行业、化工业、电子设备行业、机械设备制造业等行业的金额较高。基本的数据结果表明,不同行业的企业在获得财政激励上存在较大差异,一方面,电子设备行业等新兴行业在获得财政激励方面具有较大优势,反映了政府的政策指向;另一方面,化工业等大型企业较为集中的行业能够依靠资产和规模优势,获得更多的政策扶持,而皮革与纺织业等中小型企业集中的行业相对而言获得的财政激励金额较低。这与步丹璐、郁智(2012)、张洪辉(2014)的研究结果较为一致,他们认为不同行业在获得财政激励上呈现出显著的差异性,高新技术行业、信息技术行业所接收的补助金额最多。

表3-11　　　　　不同行业企业所获得的财政激励状况　　　　单位:万元

	不同企业类别中获得财政激励的企业占比	获得财政激励企业的人均激励数额
食品行业	42.57%	0.80
皮革与纺织业	13.26%	0.29
化工业	40.54%	0.35
非金属行业	22.86%	0.06
金属行业	28.43%	0.14
机械设备制造业	36.18%	0.20
电子设备行业	41.70%	0.14

从不同行业企业所获得的科技创新激励状况来看,不同行业获得科技创新激励的企业数量以及财政激励金额均存在较大差异,特定行业相比于其他行业可以获得更多的财政激励(见表3-12)。与获得的财政激励状况较为一致,食品行业、化工业、电子设备行业、机械设备制造业中获得科技创新激励的企业占比较高,而皮革与纺织业、非金属行业占比较低。从

人均激励数额来看,食品行业、电子设备行业、金属行业等行业的企业获得了较高的科技创新激励。以上分析表明,科技创新激励与创新活力较强行业之间的匹配仍有待加强。

表 3-12　　不同行业企业所获得的科技创新激励状况　　单位:万元

	不同企业类别中获得科技创新激励的企业占比	获得科技创新激励企业的人均激励数额
食品行业	11.11%	0.25
皮革与纺织业	1.18%	0.03
化工业	8.26%	0.07
非金属行业	3.36%	0.02
金属行业	7.23%	0.12
机械设备制造业	11.57%	0.03
电子设备行业	8.03%	0.14

第三节　我国企业绩效的现状分析

企业的绩效状况如何是本书的重要关注点。是否能获得财政激励,以及获得财政激励金额的多少与企业的绩效有着一定的关联。绩效更好的企业往往拥有更多的运营资本、企业规模或创新水平,更容易满足财政激励的申请条件,也更容易获得财政激励的青睐。反之,政府给予更多的财政激励扶持,能够为企业的经营、创新行为提供一定的资金支持,进而影响企业的绩效水平。因而,本节将重点分析我国制造业企业的绩效状况。

一、总体情况统计

表 3-13 列示了 2013—2015 年制造业企业主要绩效指标的基本情况。三年间,企业资产收益率在增长之后趋于平稳,而全要素生产率则呈现先上升后下降的趋势。其中,2015 年全要素生产率要低于 2013 年,企业资

产收益率有所降低,并逐渐保持平稳。以上数据表明,在总资产收益率、净资产收益率这种衡量投入—产出绩效的指标上,制造业企业表现平稳,而在反映企业技术效率的指标全要素生产率上,企业的经营状况还有进一步的提升空间。

同时,本书对这三年企业的创新绩效状况进行了统计。表 3-13 中列示了这三年企业主要创新指标的基本情况。由于 CEES 调查统计的是企业 2012—2015 年获批的专利总数,而没有区分不同年份的专利数,因而表中列示的是年平均值。根据 Tan 等(2014)、Tong 等(2014)的观点,专利中只有发明专利才能真正代表企业的创新能力。因而,本书进一步将专利数量分为发明专利、非发明专利。其中,非发明专利包括实用新型专利及外观专利。可以发现,企业获批的国内专利数要远高于国外专利数,且非发明专利数也大于发明专利数,说明企业现有的专利申请行为更多的是针对国内的非发明专利(如实用新型专利、外观专利等)。这与邢会等(2019)的研究结果一致,他们指出企业更为偏向于申请水平较低的创新成果,这一点从发明专利申请数大大低于非发明专利申请数可以得出。同时,从新产出来看,新产品销售比例三年来其呈现出先下降后上升的趋势。

表 3-13　　　　2013—2015 年企业的绩效状况　　　　单位:个

	年 份		
	2013	2014	2015
总资产收益率	6%	5%	5%
净资产收益率	9%	10%	10%
全要素生产率	156.25	161.87	153.62
专利总数	10.85	10.85	10.85
国内专利数	10.04	10.04	10.04
国外专利数	1.44	1.44	1.44
发明专利	2.48	2.48	2.48
非发明专利	4.01	4.01	4.01
新产品销售比例	32%	28%	34%

二、分企业特征统计

考虑到由于不同类型企业的特征各异,企业的绩效水平表现出一定的差异性。本部分内容将分析不同所有制、不同规模、不同出口类型以及不同行业企业在财务绩效、生产率绩效与创新绩效上的差异。

(一) 企业性质

通过将企业划分为民营企业、国有企业、中国港澳台企业、外资企业四种类型,可以发现,外资企业的总资产收益率、净资产收益率等财务绩效指标表现均好于其他类型企业,其次为民营企业。而在全要素生产率这一生产率绩效指标上,国有企业表现与外资企业一致,高于民营企业。说明相较于国有企业,民营企业在投入产出类指标上表现较好,而技术效率类指标相对较弱。进一步地,本书观测了不同性质企业的创新绩效状况。如表3-14所示,国有企业的创新绩效表现最好。国有企业除专利总数最多外,其国外专利数、发明专利数以及新产品销售比例均明显高于其他类型企业。其次为民营企业,其所获得的国外专利数仅次于国有企业。而外资企业的发明专利数、新产品销售比例均要高于民营企业和中国港澳台企业。

表3-14　　　　　　　　不同性质企业的绩效状况　　　　　　　　单位:个

	企业性质			
	民营	国有	中国港澳台	外资
总资产收益率	5%	4%	4%	7%
净资产收益率	11%	5%	8%	12%
全要素生产率	123.31	208.62	176.95	274.41
专利总数	9.00	25.71	9.24	6.64
国内专利数	7.60	27.31	8.86	4.81
国外专利数	1.40	3.26	0.49	1.83
发明专利	1.97	8.12	0.71	2.35
非发明专利	4.37	7.96	1.41	0.96
新产品销售比例	26%	63%	25%	42%

(二) 企业规模

从不同规模来看，总体来说，大型企业无论是资产收益率还是全要素生产率均要明显高于中型企业及小型企业（如表 3-15 所示）。小型企业的全要素生产率较中型企业低，但资产收益率与中型企业相差不大，还略高于中型企业。同样的，不同规模企业的创新绩效表现出与财务绩效类似的结果。大型企业无论是专利总数，还是新产品销售比例都明显高于中型企业和小型企业。其次，为中型企业及小型企业。值得注意的是，大型企业所获得的专利中，大部分为国内专利，而国外专利较少。企业规模显著影响着企业的技术进步，一般而言，规模越大的企业越有动力和资金采用最新的技术，投入更多的人力、物力进行研发和创新；而小规模的企业在新技术创新和运用方面存在不足。

表 3-15　　　　　　　　不同规模企业的绩效状况　　　　　　　　单位：个

	企业规模		
	大型	中型	小型
总资产收益率	6%	4%	5%
净资产收益率	11%	8%	10%
全要素生产率	291.49	179.61	111.98
专利总数	60.13	6.86	1.12
国内专利数	52.40	6.48	1.11
国外专利数	9.02	0.46	0.08
发明专利	15.88	0.98	0.12
非发明专利	22.41	2.49	0.51
新产品销售比例	73%	52%	16%

(三) 出口类型

根据企业是否出口以及出口的类型，本书将企业进行划分以观察不同出口企业的绩效状况。如表 3-16 所示，可以看到，加工贸易企业除全要素生产率略好于其他类型企业外，财务绩效类指标与一般贸易及非出口型企业相比没有明显差异。不同于财务及生产率绩效呈现的结果，一般贸易型企业表现出更好的创新绩效。数据结果表明，一般贸易型企业的专利总数、国外专利数、发明专利数以及新产品销售比例均明显高于其他两类企业。而对于非出口型企业,其反映企业创新绩效的各项指标均较低于一般贸易及加工贸易企业。

表 3-16　　　　　不同出口类型企业的绩效状况　　　　　单位:个

	企业出口类型		
	一般贸易	加工贸易	非出口
总资产收益率	5%	5%	5%
净资产收益率	10%	11%	10%
全要素生产率	181.82	191.06	132.10
专利总数	25.86	14.64	1.66
国内专利数	23.77	13.95	1.70
国外专利数	4.19	0.45	0.03
发明专利	6.55	1.25	0.26
非发明专利	10.33	5.89	0.67
新产品销售比例	55%	25%	23%

(四) 所属行业

对于不同行业类型的企业而言,食品、化工、机械设备制造、电子设备等行业企业的资产收益率等财务指标、全要素生产率等生产率指标均高于皮革与纺织业以及非金属行业。创新绩效表现出不同的行业特点。从表 3-17 中可以看到,电子设备行业表现出更好的创新绩效,其专利总数、国外专利数以及发明专利数均高于其他行业的平均值。其次为机械设备制造业,其专利数量仅次于电子设备行业。食品行业、皮革与纺织等传统性制造业创新绩效的排名较为靠后。

表 3-17　　　　　不同行业企业的绩效状况　　　　　单位:个

	不同行业						
	食品	皮革与纺织	化工	非金属	金属	机械设备制造	电子设备
总资产收益率	6%	5%	4%	4%	5%	6%	6%
净资产收益率	10%	10%	7%	6%	9%	9%	13%

续表

	不同行业						
	食品	皮革与纺织	化工	非金属	金属	机械设备制造	电子设备
全要素生产率	207.14	107.93	218.51	115.77	184.54	180.37	169.33
专利总数	1.43	0.64	4.25	6.47	11.54	23.32	24.07
国内专利数	1.86	0.65	4.12	6.27	11.21	17.65	23.76
国外专利数	0.07	0.00	0.21	0.19	0.19	5.40	2.99
发明专利	0.16	0.02	1.35	0.46	1.68	7.12	5.89
非发明专利	0.79	0.33	1.64	1.49	6.54	9.38	7.97
新产品销售比例	22%	11%	54%	22%	21%	51%	47%

第四节 本章小结

通过数据统计，本书发现在全部样本企业中，获得科技创新激励的企业占比远低于获得财政激励的企业占比。科技创新激励更多的针对科技创新型企业，特别是这些企业的自主研发、高新技术成果转化等行为，具有较强的技术要求，使得获得的企业数量相对而言较少。从企业性质来看，政府对国有企业的财政扶持力度要高于民营企业以及外资企业；从企业规模来看，相较于小型企业，大中型企业在获得财政激励上具有更大的优势；从企业出口类型来看，一般贸易企业能够获得更多的财政激励，相较于非出口企业，出口企业能够享受到国家更多的财政、税收方面的优惠政策，因而更容易获得财政激励；从行业分布来看，对于电子设备行业等新兴行业以及化工业等大型企业集中的行业，政府拨付的财政激励要多于皮革与纺织业等中小型企业集中的行业。

从现有企业绩效状况来看，在总资产收益率、净资产收益率这种衡量投入—产出绩效的指标上，制造业企业表现平稳，而在反映企业技术效率的指标全要素生产率上，企业经营状况还有进一步的提升空间。在创新指标上，企业国内专利数量要远高于国外专利数，而非发明专利数也大于发明专利数，说明企业现有的专利申请行为更多的是针对国内的非发明专利而非质量更高的发明专利。从企业性质来看，国有企业的全要素生产率、创新绩效均好于民营及外资企业，而在资产收益率等财务指标上表现却不如民营及外资企业；从企业规模来看，大中型企业的资产收益率、全要素生产率、创新绩效均好于小型企业；从出口类型来看，相较于其他类型出口企业，一般贸易企业表现出更好的财务绩效和创新绩效；从行业类型来看，食品、化工、机械设备制造、电子设备等行业的资产收益率、全要素生产率要略好于其他行业，而对于创新绩效而言，电子设备行业表现最为良好。

# 第四章

财政激励对企业财务绩效的影响

按照投入产出理论，财务绩效反映了企业投入—产出状况，因而研究财政激励对于企业财务绩效的影响有助于直接观测企业投入产出的变化情况，进一步了解财政激励对于企业的短期影响。本章通过构建基本回归模型，对财政激励与企业财务绩效的关系进行了计量检验。通过考察财政激励政策对于不同特征企业财务绩效的影响，深入剖析财政激励的政策效果。同时，采用工具变量、倾向得分匹配等方法对于计量结果进行内生性检验，以得到稳健的回归结果。

第一节　变量选取与模型设定

本节将重点进行基本计量模型的构建，以全面考察财政激励对于企业财务绩效的影响。在对解释变量、被解释变量、控制变量指标进行选取的基础上，对本书所运用到的指标数据进行基本的描述性统计。

一、财务绩效的测度

一般而言，财务绩效通常衡量了企业的投入产出、资源配置和可持续发展能力，衡量企业财务绩效的指标通常采用资产收益率、资产负债率等。考虑到财务绩效与投入产出效率的相关性，本章将选取资产收益率作为这一指标的代理变量。本书参照叶陈刚等（2016）、温素彬（2018）、Shrader 等（1997）、Erhardt 等（2010）的做法，将总资产收益率（ROA）、净资产收益率（ROE）这两个变量作为财务绩效的代理变量。总资产收益率、净资产收益率是两个能够比较全面地衡量企业盈利能力的财务指标。其中，总资产收益率为年度净利润与资产总额的比值，净资产收益率为年度净利润与净资产的比值，二者在本章回归模型中均做了对数化处理。

二、模型设定

基于此次调查数据的短面板性质，本书对财政激励对企业财务绩效实证关系的检验采用加入行业、地区和时间固定效应的 OLS 模型进行测算。根据上文研究思路，本书构建了如下计量模型，以考察财政激励对企业财务绩效的影响。在后文中，本书将会分企业特征进行更深入的讨论，以便更详细地观测财政激励对于企业财务绩效的异质性影响。

$$\ln y_{it} = \alpha_{11} + \beta_{11} subsidy_{it} + \mu X_{it} + D_i + I_i + T_t + \varepsilon_{it} \quad (4-1)$$

（4-1）式中 i 代表企业，t 代表年份（2013—2015），$subsidy_{it}$ 为财政激励，D_i 表示地区的固定效应，I_i 表示行业的固定效应，T_t 表示时间的固定效应，ε_{it} 为随机干扰项，y_{it} 是衡量企业财务绩效的指标。

根据以上模型设定，本书主要选择以下变量作为模型的主要解释变量、被解释变量和控制变量。本章所选取的被解释变量为财务绩效，具体的计算方法见上一节。本章的核心解释变量为财政激励，用企业所享受的财政激励总额以及是否享受到财政激励进行衡量。一般认为，我国政府干预企业生产与经营的政策工具包含各类专项补助计划、技术改造专项资金、财政金融政策等。从实践来看，企业是否获得财政激励，以及获得财政激励数额的多少均会影响财政激励的效果（邵敏、包群，2012）。由于相比于获得财政激励的数额，是否获得财政激励更能反映企业获取财政激励后的直观后果，在引入财政激励总额这一指标的基础上，本书同时引入是否获得财政激励这一指标，以稳健地检验财政激励对企业财务绩效的影响。

根据研究需要，本书选择的控制变量主要有：企业资本劳动比、企业规模、企业工资水平、企业技术水平、企业所有制类型等。其中，所有制包含四种类型，即民营企业、国有企业、中国港澳台企业、外资企业。同时，考虑到不同行业、不同地区企业经营能力存在差别，模型中还将控制行业效应、地区效应。

资本劳动比，用企业固定资产净值与员工人数的比值表示，同时做对数化处理。不同的资本劳动比反映了资本和劳动投入差异，从而影响企业投入要素的产出效率。

企业规模是以企业人数进行衡量。一般认为，企业规模越大，越容易享受到规模报酬的好处，从而对于企业财务绩效有着正向促进作用。因而，将企业规模作为控制变量有利于控制规模差异所导致的企业财务绩效的不同（邹彩芬等，2006）。

企业工资水平，以企业员工工资总数与员工人数的比值表示。吴国鼎（2016）将企业工资水平作为影响企业绩效水平的控制变量。一般认为，职工薪酬与企业绩效之间存在着显著的正向关系（Fung，2009；Nzyoka，2016；Syahreza & Lumbanraja，2017）。

企业技术水平，以是否使用国外机器作为衡量指标。引入并使用国外机器在一定程度上代表了企业对于生产经营的技术投入程度，关系到各类生产要素的产出效率。

企业所有制类型，主要包含民营企业、国有企业、中国港澳台企业及外资企业四类企业。在具体的回归分析中，主要以民营企业为对照组，来对比分析相较民营企业而言，其他三类企业对企业财务绩效的影响。

综上所述，在此给出本章所涉及主要变量的描述性统计结果，除0，1变量外，其他变量均做对数化处理，结果如表4-1所示。

表4-1　　　　财政激励与企业财务绩效的描述性统计结果

变量名称	变量含义	Obs.	Mean	Std. Dev.	Min	Max
被解释变量						
总资产收益率	年度净利润/总资产	2463	0.048	0.085	-0.097	0.291
净资产收益率	年度净利润/净资产	2397	0.074	0.191	-0.483	0.554
解释变量						
是否获得财政激励	2012—2015年是否获得财政激励	3231	0.314	0.464	0	1
财政激励总额	2012—2015年年均享受的财政激励金额	3180	1.040	1.841	0	5.674
控制变量						
资本劳动比	固定资产净值/员工数	2913	1.944	1.497	-1.274	4.451
规模	员工数	3048	5.442	1.415	3.296	8.216
工资水平	工资总数/员工数	2805	1.126	0.885	-0.904	2.793
技术水平	是否使用国外机器	3252	0.338	0.473	0	1
民营企业	是否为民营企业	2070	1	0	1	1
国有企业	是否为国有企业	399	2	0	2	2
中国港澳台企业	是否为中国港澳台企业	603	3	0	3	3
外资企业	是否为外资企业	252	4	0	4	4

第二节　财政激励影响企业财务绩效的实证检验

本节主要介绍财政激励与企业财务绩效的基本回归结果，并在此基础上，对于衡量财务绩效的几种指标进行分别检验，以观测财政激励对企业财务绩效的异质性影响。

一、基准回归

首先，本书将分析财政激励对企业总资产收益率的影响。表4-2列示了财政激励与企业总资产收益率的回归结果，其中，（1）（2）（3）的主解释变量使用的是是否获得财政激励，（4）（5）（6）的主解释变量使用的是财政激励总额，以增强本书分析结果的可靠性。在未控制其他变量时，回归结果显示，财政激励对于企业财务绩效具有正向促进作用，这种正向作用在10%的置信水平上显著。为保障结果的稳健性，本书进一步控制了企业资本劳动比、企业规模、技术水平、所有制类型、工资水平，以及时间、地点、行业等因素，结果发现，财政激励仍在10%的置信水平上显著正向影响企业的财务绩效。表4-2中（4）（5）（6）列的估计结果除系数有了一定程度的变小外，其符号及显著性均保持了一致。财政激励与企业总资产收益率之间呈现出显著的正相关关系，表明财政激励对于企业财务绩效发挥了正向促进作用。从影响系数来看，系数较小但却显著为正，这一结论要略好于吴成颂等（2015）的研究结果，他们认为财政激励对企业总资产收益率的影响不显著，因而总体上对企业绩效只能产生微弱的正向影响。这可能与以往的研究大多以上市公司为研究对象，而本书的研究对象更多为中小型企业有关。

表 4-2　　　　　　　　　　　　财政激励与总资产收益率

	总资产收益率（ROA）					
	(1)	(2)	(3)	(4)	(5)	(6)
是否获得财政激励	0.0037*	0.0069*	0.0052*			
	(0.0019)	(0.0042)	(0.0042)			
财政激励总额				0.0016*	0.0026**	0.0022**
				(0.0008)	(0.0011)	(0.0011)
资本劳动比		−0.0053***	−0.0060***		−0.0058***	−0.0063***
		(0.0016)	(0.0018)		(0.0016)	(0.0018)
规模/100		−0.1360	0.0066		−0.2200	−0.0673
		(0.1740)	(0.1830)		(0.1790)	(0.1900)
工资水平		0.0122***	0.0139***		0.0121***	0.0138***
		(0.0024)	(0.0025)		(0.0025)	(0.0025)
技术水平（0—1）		0.0048	0.0059		0.0047	0.00580
		(0.0044)	(0.0046)		(0.0044)	(0.00460)
国有企业（0—1）		−0.0221***	−0.0210***		−0.0223***	−0.0212***
		(0.00571)	(0.00620)		(0.0057)	(0.0062)
中国港澳台企业（0—1）		−0.0189***	−0.0125*		−0.0179***	−0.0117*
		(0.0061)	(0.0069)		(0.0062)	(0.0069)
外资企业（0—1）		0.0040	0.0055		0.0057	0.0069
		(0.0093)	(0.0093)		(0.0093)	(0.0093)
地区	No	No	Yes	No	No	Yes
年份	No	No	Yes	No	No	Yes
行业	No	No	Yes	No	No	Yes
观测值	1992	1992	1992	1992	1992	1992
R^2	0.020	0.029	0.098	0.033	0.030	0.099

注：括号内为使用行业固定效应聚类调整的标准误（cluster standard error），***、**和*分别表示在1%、5%和10%水平上显著。

本书还将实证检验财政激励对企业另一个重要的财务绩效指标——净资产收益率的影响。同样的，本书对比分析了加入时间、地点、行业等固定效应前后回归系数及显著性的变化。如表4-3所示，(1)(2)列示了是否获得财政激励对净资产收益率的影响，(3)(4)列示了财政激励总额对净资产收益率的影响。四列回归结果均表明，财政激励对企业净资产收益率具有正向影响，且这一影响通过了10%的显著性水平检验。随着财政激励金额的增加，企业的净资产收益率随之提高，这一结果与总资产收益率一致，表明了回归结果的一致性。

表4-3　　　　　　　　　财政激励与净资产收益率

	净资产收益率（ROE）			
	（1）	（2）	（3）	（4）
是否获得财政激励	0.0018*	0.0011*		
	(0.0093)	(0.0096)		
财政激励总额			0.0039*	0.0038*
			(0.002)	(0.0023)
资本劳动比	-0.0087**	-0.0071*	-0.0097***	-0.0079*
	(0.0036)	(0.0041)	(0.0036)	(0.0041)
规模/100	0.0066*	0.0064	0.0049	0.0046
	(0.0039)	(0.0043)	(0.0040)	(0.0045)
工资水平	0.0276***	0.0304***	0.0273***	0.0300***
	(0.0054)	(0.0055)	(0.0054)	(0.0055)
技术水平（0—1）	-0.0015	-0.0019	-0.0029	-0.0035
	(0.0094)	(0.0102)	(0.0094)	(0.0103)
国有企业（0—1）	-0.0636***	-0.0637***	-0.0658***	-0.0661***
	(0.0142)	(0.0156)	(0.0143)	(0.0158)
中国港澳台企业（0—1）	-0.0341**	-0.0362**	-0.0341**	-0.0365**
	(0.0136)	(0.0164)	(0.0136)	(0.0164)
外资企业（0—1）	0.0163	0.0085	0.0166	0.0087
	(0.0207)	(0.0230)	(0.0208)	(0.0231)
地区	No	Yes	No	Yes
年份	No	Yes	No	Yes
行业	No	Yes	No	Yes
观测值	1842	1842	1842	1842
R^2	0.032	0.085	0.033	0.086

注：括号内为使用行业固定效应聚类调整的标准误（cluster standard error），***、**和*分别表示在1%、5%和10%水平上显著。

二、分位数回归

在基本回归分析的基础上,本节将重点对财政激励对于不同类型企业的影响进行异质性分析。通过分位数回归,区分不同企业特征、不同行业特征等方式,全面考察财政激励政策对企业财务绩效的不同影响,为实施有针对性的财政激励政策提供实证依据。

考虑到财政激励对企业绩效的影响可能受到企业自身技术水平以及其他不可观测因素的影响,二者之间可能并不是简单的线性关系,现有线性回归方法难以判断财政激励对不同规模企业绩效的促进作用。因而,本书采用分位数回归的方法对财政激励对企业财务绩效的影响进行拓展性分析,以更加全面地观测财政激励对企业绩效作用的方向、大小和趋势。

本书对 0.25、0.5、0.75 分位数下财政激励对于企业财务绩效的影响进行实证检验,结果如表 4-4 所示。分位数回归结果表明,财政激励对企业财务绩效的影响在 25 分位数、50 分位数和 75 分位数点上的系数呈现出先上升后下降趋势,且系数由显著变为不显著。具体而言,在 25 分位数上,财政激励对企业财务绩效的回归系数值为 0.0021 个百分点;在 50 分位数上,其对财务绩效的回归系数值上升到 0.0025 个百分点;在 75 分位数上,回归系数则下降到 0.0019 个百分点,说明财政激励对财务绩效的影响呈现出"倒 U 型"趋势。25 分位数、50 分位数系数较大,说明财政激励对财务绩效处于中低水平的企业的促进作用最强。比较分位点系数可以发现,相较于已具备较高财务绩效水平的企业,财政激励对中低财务绩效水平的企业发挥了更大的促进作用。

表 4-4　　　　不同分位点系数的异质性:企业财务绩效

	总资产收益率		
	25 分位数	50 分位数	75 分位数
财政激励总额	0.0021 ***	0.0025 ***	0.0019
	(0.0007)	(0.0009)	(0.0022)
资本劳动比	-0.0011	-0.0029 **	-0.0072 **
	(0.0009)	(0.0013)	(0.0029)

续表

	总资产收益率		
	25 分位数	50 分位数	75 分位数
规模/100	0.0223	−0.1040	−0.1470
	(0.1120)	(0.1430)	(0.3390)
工资水平	0.0072***	0.0091***	0.0207***
	(0.0014)	(0.0018)	(0.0043)
技术水平 (0—1)	0.0016	0.0047	0.0062
	(0.0028)	(0.0036)	(0.0085)
国有企业 (0—1)	−0.0177***	−0.0107**	−0.0221*
	(0.0039)	(0.0050)	(0.0119)
中国港澳台企业 (0—1)	−0.0104***	−0.0066	−0.0156
	(0.0039)	(0.0050)	(0.0119)
外资企业 (0—1)	−0.0001	0.0093	0.0245
	(0.0054)	(0.0068)	(0.0161)
地区	Yes	Yes	Yes
年份	Yes	Yes	Yes
行业	Yes	Yes	Yes
观测值	2001	2001	2001
Pseudo R^2	0.0416	0.0628	0.0874

注：括号内为对应参数的标准误（standard error），***、**和*分别表示在1%、5%和10%水平上显著。

三、分企业特征回归

不同所有制类型财政激励对企业财务绩效的影响结果如表4-5所示。在此，本书分国有企业、民营企业、中国港澳台企业、外资企业四个类别分组进行回归分析。结果显示，对民营企业、中国港澳台企业，财政激励对财务绩效产生了正向显著影响，而在国有企业、外资企业中这一影响并不显著。说明相较于民营企业、外资企业，财政激励对于民营企业、中国港澳台企业能够发挥更大的财务绩效提升作用。一般认为，民营企业相比于国有企业，在获取政府资源方面存在着劣势（Faccio，2006），使得两种不同产权属性的企业在获得财政激励方面存在较大的差异。大部分学者指出，产权类型是影响企业获得财政激励数额的重要因素，从而对财政激励的政策效果也有较大影响（Cull & Xu，2005）。当国有企业面临资金不足或亏损时，政府往往会给予其更多的财政激励、税收优惠（Lin & Tan，1999；Liang et al.，2012）。然而这部分额外的补助可能会受到国有企业自身特征的影响未能发挥其应有的作用，如政治环境、社会环境、人力资源等多方面的限制会使得企业的发展及创新都受到较大影响。

表4-5　　　　不同所有制企业的财政激励与财务绩效

	总资产收益率			
	国有企业	民营企业	中国港澳台企业	外资企业
财政激励总额	0.0003	0.0023*	0.0075*	-0.0085
	(0.0041)	(0.0014)	(0.0038)	(0.0062)
资本劳动比	0.0059	-0.0071***	0.0016	-0.0082
	(0.0068)	(0.0019)	(0.0060)	(0.0096)
规模/100	-0.4710	-0.2190	-0.5490	2.5590***
	(0.5530)	(0.2240)	(0.6090)	(0.7340)
工资水平	-0.0022	0.0151***	0.0049	0.0183*
	(0.0083)	(0.0027)	(0.0089)	(0.0095)
技术水平（0—1）	0.0166	-0.0065	0.0233*	-0.0396*
	(0.0157)	(0.0051)	(0.0131)	(0.0213)
地区	Yes	Yes	Yes	Yes
年份	Yes	Yes	Yes	Yes
行业	Yes	Yes	Yes	Yes
观测值	261	1287	324	138
R^2	0.395	0.234	0.201	0.608

注：括号内为使用行业固定效应聚类调整的标准误（cluster standard error），*** 和 * 分别表示在1%和10%水平上显著。

表4-6列示了不同规模企业财政激励对企业财务绩效的影响结果。分组回归结果表明，对于小型企业而言，财政激励对其总资产收益率的提升有着显著正向影响，而这一影响在大型企业、中型企业中并不显著。说

明，财政激励在小型企业中能够发挥更大的财务绩效促进作用。从不同规模企业的回归结果来看，财政激励对不同规模企业的总资产收益率具有较大的异质性影响，可能的解释是，财政激励对小型规模的企业起到了更大的资金支持作用，对其的利润拉动作用更强，从而最能促进其资产收益率提升。

表4-6　不同规模企业的财政激励与财务绩效

	总资产收益率		
	小型企业	中型企业	大型企业
财政激励总额	0.0037**	0.0012	0.0033
	(0.0017)	(0.0021)	(0.0023)
资本劳动比	-0.0067***	-0.0084*	-0.0119*
	(0.0021)	(0.0048)	(0.0062)
规模/100	-0.0036	0.0029	-0.0155
	(0.0034)	(0.0114)	(0.0137)
工资水平	0.0171***	-0.0008	0.0208**
	(0.0029)	(0.0059)	(0.0092)
技术水平	0.0043	0.0060	0.0179
	(0.0063)	(0.0090)	(0.0128)
国有企业	-0.0386***	-0.0253**	-0.0511**
	(0.0084)	(0.0123)	(0.0220)
中国港澳台企业	0.0085	-0.0302**	-0.0575***
	(0.0103)	(0.0119)	(0.0180)
外资企业	0.0097	-0.0278*	-0.0158
	(0.0187)	(0.0155)	(0.0179)
地区	Yes	Yes	Yes
年份	Yes	Yes	Yes
行业	Yes	Yes	Yes
观测值	1269	459	273
R^2	0.143	0.229	0.202

注：括号内为使用行业固定效应聚类调整的标准误（cluster standard error），***、**和*分别表示在1%、5%和10%水平上显著。

不同出口类型企业财政激励对于企业财务绩效的影响结果如表4-7所示。出口类型分组结果显示，财政激励对于非出口企业的总资产收益率有着显著的正向促进作用，而对于一般贸易企业、加工贸易企业这一作用并不显著。说明财政激励在非出口企业中能够发挥更大的绩效提升作用。可能的原因是，大部分出口企业基本上为规模较为中大型的企业，财政激励对这类企业的影响不如小型企业显著，因而相比于其他类型的企业，财政激励对非出口企业总资产收益率的提升作用更大。

表4-7　　　　不同出口类型企业的财政激励与财务绩效

	总资产收益率		
	一般贸易	加工贸易	非出口
财政激励总额	-0.0016	0.0003	0.0041***
	(0.0024)	(0.0037)	(0.0016)
资本劳动比	-0.0046	0.0002	-0.0076***
	(0.0042)	(0.0047)	(0.0024)
规模/100	0.0030	0.0027	-0.0042*
	(0.0045)	(0.0066)	(0.0024)
工资水平	0.0143***	0.0141	0.0191***
	(0.0055)	(0.0098)	(0.0032)
技术水平（0—1）	0.0152	0.0427**	0.0069
	(0.0094)	(0.0166)	(0.0061)
国有企业（0—1）	0.0076	0.0084	-0.0320***
	(0.0135)	(0.0344)	(0.0077)
中国港澳台企业（0—1）	-0.0241*	0.0119	0.0012
	(0.0144)	(0.0206)	(0.0129)
外资企业（0—1）	0.0046	0.0118	0.1210***
	(0.0184)	(0.0233)	(0.0346)
地区	Yes	Yes	Yes
年份	Yes	Yes	Yes
行业	Yes	Yes	Yes
观测值	462	258	1149
R^2	0.217	0.391	0.184

注：括号内为使用行业固定效应聚类调整的标准误（cluster standard error），***、**和*分别表示在1%、5%和10%水平上显著。

本书还将具体分析财政激励对不同行业企业财务绩效的影响结果。从表4-8的分组回归结果可以看到,对于食品行业、皮革与纺织行业,财政激励对企业总资产收益率具有正向显著影响;而对于化工行业、非金属行业、机械设备制造业、电子设备等行业,财政激励并未表现出对企业财务绩效的显著促进作用,表明这一类行业企业的资产收益率对财政激励的依赖性较低。特别是,对于金属行业,财政激励对总资产收益率表现出了较为显著的负向影响,表明财政激励在这一行业当中不仅没有达到预期效果,反而抑制了这一行业总资产收益率的提升。总体来说,对于规模较小、资本相对缺乏的行业中的企业(如食品行业、皮革与纺织行业),财政激励起到了正向促进作用,而对于规模较大、资本较为充足的行业(如化工、机械设备制造),财政激励的效果并不明显。

表4-8　　　　　　不同行业企业的财政激励与财务绩效

	总资产收益率						
	食品	皮革与纺织	化工	非金属	金属	机械设备制造	电子设备
财政激励总额	0.0086***	0.0075*	-0.0064	0.0014	-0.0067**	-0.0039	0.0028
	(0.0032)	(0.0044)	(0.0058)	(0.0025)	(0.0030)	(0.0035)	(0.0022)
资本劳动比	0.0009	-0.0119***	-0.0009	-0.0117**	0.0056	-0.0034	0.0021
	(0.0081)	(0.0037)	(0.0083)	(0.0054)	(0.0046)	(0.0062)	(0.0038)
规模/100	0.0027	-0.0077	0.0037	-0.0007	-0.0148**	0.0107	0.0023
	(0.0059)	(0.0048)	(0.0076)	(0.0044)	(0.0058)	(0.0083)	(0.0041)
工资水平	-0.0056	0.0171	-0.0557**	0.0003	-0.0267*	0.0095	-0.0021
	(0.0162)	(0.0110)	(0.0232)	(0.0165)	(0.0148)	(0.0099)	(0.0103)
技术水平	0.0088	0.0102*	-0.0087	0.0386***	0.0303***	0.0235***	0.0060
	(0.0065)	(0.0060)	(0.0081)	(0.0079)	(0.0067)	(0.0081)	(0.0062)
国有企业	-0.0462*	-0.0316	0.0331	-0.059***	-0.0088	-0.0327*	0.0168
	(0.0271)	(0.0200)	(0.0385)	(0.0135)	(0.0181)	(0.0180)	(0.0192)
中国港澳台企业	-0.190***	0.0176	0.0893**	-0.0392**	0.0439**	-0.0500**	-0.0549***
	(0.0340)	(0.0160)	(0.0352)	(0.0187)	(0.0221)	(0.0204)	(0.0149)
外资企业	0.0053	0.0156	0.0498	-0.0268	-0.0055	0.0184	-0.0128
	(0.0632)	(0.0269)	(0.0440)	(0.0229)	(0.0202)	(0.0247)	(0.0170)

续表

	总资产收益率						
	食品	皮革与纺织	化工	非金属	金属	机械设备制造	电子设备
地区	Yes	Yes	Yes	Yes	Yes	Yes	Yes
年份	Yes	Yes	Yes	Yes	Yes	Yes	Yes
行业	Yes	Yes	Yes	Yes	Yes	Yes	Yes
观测值	198	342	99	237	201	285	327
R^2	0.369	0.083	0.577	0.178	0.190	0.228	0.187

注：括号内为稳健标准误（Robust Std. Error）；***、** 和 * 分别表示在1%、5%和10%水平上显著。

第三节 稳健性检验

为增加估计结果的可靠性和可行性，本书拟对基本回归结果进行稳健性检验。由于一方面财政激励会对企业财务绩效产生影响，另一方面政府倾向于激励规模较大、财务绩效较高的企业，从而企业的财务绩效也关系是否能获得财政激励以及所获得的财政激励数额的多少。这种内生性问题将可能会导致实证分析结果是有偏的。同时，申请财政激励的过程往往存在着非随机的问题，一般而言规模更大的企业或把握更大的企业更多进行申请，因而难以保证申请企业的随机性，导致自选择问题产生。

为解决实证分析中可能存在的内生性和自选择的问题，本书主要采用两种方式进行解决：第一，对于内生性问题使用工具变量进行克服。工具变量（IV）方法主要解决财政激励与企业财务绩效之间的内生性问题。第二，采用倾向得分匹配（PSM）解决企业申请财政激励时的自选择问题。在本部分，本书主要选择总资产收益率作为稳健性检验的主要被解释变量。

（一）工具变量

本节采用工具变量的方法来解决财政激励与企业财务绩效之间的内生性问题。其中，选取本行业除本企业外的平均财政激励金额作为财政激励的工具变量。表4-9第（1）列报告了财政激励与企业财务绩效的2SLS估计结果。在使用工具变量进行两阶段最小二乘法（2SLS）估计时，首先用弱工具变量来检验判断工具变量的有效性。结果显示，第一阶段回归检验的F值为37.12，大于10，且在1%的显著性水平上显著，表明不存在弱工具变量问题。其次，使用2SLS方法进行分析。在控制解释变量的内生性之后，实证结果表明，财政激励仍然在5%的显著性水平上影响企业财务绩效，且系数与基本回归结果保持一致。其余控制变量的系数符号与预期相符。说明财政激励对企业财务绩效的影响是十分稳健的，即使考虑到内生性问题，依然如此。本书同时使用了对弱工具变量更不敏感的有限信息最大似然法（LIML），其结果如表4-9中第（2）列所示，对比发现，各变量系数及显著性保持了一致，验证了所得结论的稳健性和合理性。

表4-9 财政激励与财务绩效：工具变量

	总资产收益率	
	2SLS	LIML
财政激励总额	0.0189**	0.0189**
	(0.0096)	(0.0096)
资本劳动比	-0.0101***	-0.0101***
	(0.0032)	(0.0032)
规模/100	-0.0107**	-0.0107**
	(0.0054)	(0.0054)
工资水平	0.0127***	0.0127***
	(0.0026)	(0.0026)
技术水平（0—1）	0.0080*	0.0080*
	(0.0047)	(0.0047)
国有企业（0—1）	-0.0292***	-0.0292***
	(0.0072)	(0.0072)
中国港澳台企业（0—1）	-0.0001	-0.0001
	(0.0076)	(0.0076)
外资企业（0—1）	0.0295**	0.0295**
	(0.0124)	(0.0124)

续表

	总资产收益率	
	2SLS	LIML
地区	Yes	Yes
年份	Yes	Yes
行业	Yes	Yes
观测值	1908	1908
R^2	0.085	0.085

注：括号内为使用行业固定效应聚类调整的标准误（cluster standard error），***、**和*分别表示在1%、5%和10%水平上显著。

（二）倾向得分匹配

本节将使用倾向得分匹配（PSM）来解决企业申请财政激励时的自选择问题，根据倾向得分匹配的估计思路，首先对企业是否获得财政激励的倾向分值进行估计。本书主要采用二元分类变量的 Logit 模型，以是否获得财政激励（0—1变量）为因变量，估计企业受到财政激励干预的概率（如表4-10所示）。解释变量涵盖了前文所涉及的主要变量。同时，为尽量减少遗漏变量对倾向指数估计的干扰，Logitech 估计过程还引入了企业所在行业、地区和时间的固定效应。回归结果显示，企业资本劳动比、企业规模对于企业获得财政激励的正向影响在1%的水平上显著，企业性质对企业获得财政激励的负向影响在1%的水平上显著。在其他因素不变的前提下，资本劳动比高的企业、大型企业更容易获得财政激励。

表4-10　倾向得分的 Logit 估计结果：企业总资产收益率

变量含义	系数	标准误	P值	边际影响
企业资本劳动比	0.263***	0.042	0.000	0.047
企业规模	0.487***	0.044	0.000	0.018
企业工资水平	0.111*	0.057	0.053	0.087
企业技术水平	0.100	0.110	0.363	0.020
国有企业	0.156	0.156	0.317	0.029
中国港澳台企业	-0.394***	0.147	0.007	-0.069
外资企业	-0.653***	0.203	0.001	-0.109

续表

变量含义	系数	标准误	P值	边际影响
Log Likelihood = -1356.078			LR chi2 (37) = 346.50	
Prob > chi2 = 0.0000			Pseudo R^2 = 0.1422	

注：边际影响对虚拟变量而言是指从0到1的离散变化，*** 和 * 分别表示在1%和10%水平上显著。

本节还运用倾向得分匹配（PSM）的识别方法，实证检验是否获得财政激励对于企业财务绩效的因果效应。由于在倾向得分匹配的实证检验中，K近邻匹配、卡尺K近邻匹配和卡尺匹配等几种方法较为常用，因而本书将重点采用上述三种方法进行实证检验。表4-11具体给出了$n=4$的K近邻匹配、默认半径的卡尺匹配，以及$n=4$且默认半径的卡尺近邻匹配的检验结果。结果表明，在充分考虑到样本选择性偏误等问题的情况下，获得财政激励对企业总资产收益率具有显著的正向因果关系。匹配前，参与者平均处理效应（ATT）均在5%的显著性水平上显著；匹配后，参与者平均处理效应仍然均在5%的显著性水平上显著。

表4-11　财政激励与财务绩效：倾向得分匹配

匹配方法	统计指标	影响系数	总资产收益率		统计量
			获得财政激励	未获得财政激励	
K近邻匹配法	匹配前	ATT	0.0024	0.0348	0.0323	2.04**
($n=4$)	匹配后	ATT	0.0029	0.0349	0.0319	2.21**
卡尺匹配法	匹配前	ATT	0.0024	0.0348	0.0323	2.04**
($r=0.027$)	匹配后	ATT	0.0036	0.0349	0.0313	2.47**
卡尺k近邻匹配	匹配前	ATT	0.0024	0.0348	0.0323	2.04**
($n=4, r=0.027$)	匹配后	ATT	0.0028	0.0349	0.0321	2.08**

注："匹配前"指未实施PSM的样本，"匹配后"指进行PSM匹配后的样本，***、** 和 * 分别表示在1%、5%和10%水平上显著。

第四节　本章小结

在控制企业规模、资本劳动比、技术水平等变量，以及时间、地点、行业等固定效应之后，财政激励显著正向影响着企业的总资产收益率以及净资产收益率，说明财政激励对于企业财务绩效提升发挥着正向促进作用。同时，本书发现，财政激励对企业财务绩效的影响可能受到企业自身技术水平以及其他不可观测因素的影响，二者之间可能并不是简单的线性关系。分位数回归结果表明，财政激励对于中低财务绩效水平企业的促进作用更强，相较于已具备较高财务绩效水平的企业，财政激励对中低财务绩效水平的企业发挥了更大的促进作用。

同时，财政激励对财务绩效的影响在不同特征的企业中具有较大的异质性。从不同性质企业的分组结果来看，相较于民营企业、外资企业，财政激励对国有企业、中国港澳台企业能够发挥更大的财务绩效提升作用；从不同规模企业的分组结果来看，财政激励对不同规模企业的总资产收益率存在较大的异质性影响，在小型企业中能够发挥更大的财务绩效促进作用；从不同出口类型的企业分组来看，相较于一般贸易、加工贸易企业，财政激励在非出口企业中能够发挥更大的绩效提升作用；从企业所属的不同行业分组来看，对于规模较小、资本相对缺乏的行业中的企业，财政激励起到了正向促进作用，而对于规模较大、资本较为充足的行业，财政激励的效果并不明显。

第五章

财政激励对企业生产率绩效的影响

基于内生增长理论的分析表明，生产率绩效是对企业技术效率的直观反映，通过观测财政激励对企业生产率绩效的影响，一方面能够帮助了解政府政策对企业效率提升的影响，另一方面对政府政策如何影响企业发展进而提升全社会的生产率水平提供相应的实证解释。本章将通过构建基本回归模型，对财政激励与企业生产率绩效的关系进行了计量检验，并通过主流计量方法对计量结果进行内生性检验，以得到稳健的回归结果。进一步通过全方位考察财政激励政策对企业全要素生产率的影响，深入剖析财政激励的政策效果。

第一节　变量选取与模型设定

一、生产率绩效的测度

参照张诚、蒙大斌（2012）的做法，本书主要选取全要素生产率作为生产率绩效的替代变量。全要素生产率是一种生产率指标，反映了总产出的增加，能够较为全面地反映企业技术进步状况及资源配置效率，一般被视为分析财政激励效率的最为相关的生产率指标。对于全要素生产率的衡量，本书主要采用 LP 方法进行测算（Levinsohn & Petrin，2010）。一方面，LP 方法能够帮助解决生产函数中的内生性问题，容易得到更为一致的参数结果（孙晓华等，2012）；另一方面，LP 方法属于生产前沿法，在微观数据中得到了广泛应用，有助于克服增长核算法存在的样本选择偏差、共时性问题和价格离散问题（杨飞等，2018）。

LP 是基于微观企业数据的半参数估计法，使用中间投入作为工具变量，工业总产值作为产出变量，更容易获取相应的数据以及稳健的估计结果。其中，工业总产值是以货币形式表现的工业企业在报告期内生产的工业产品总量，对部分填报异常、漏报的企业样本，根据会计准则的要求按"工业总产值 = 主营业务收入 + 期末存货 – 期初存货"的方式进行数据清理。根据柯布—道格拉斯生产函数，生产函数是有关资本存量和中间投入品的函数，其具体的估计形式如下：

$$\ln y_{it} = \alpha_0 + \alpha_1 \ln k_{it} + \alpha_2 \ln m_{it} + \alpha_3 \ln l_{it} + \mu_{it} + \varepsilon_{it} \quad (5-1)$$

式中，y_{it}代表企业工业增加值，k_{it}代表企业固定资产数量，m_{it}代表企业中间投入品数量，l_{it}代表企业劳动力数量，μ_{it}代表生产率，ε_{it}代表随机干扰项。

二、模型设定

基于此次调查数据的短面板性质，本书对财政激励对企业生产率绩效实证关系的检验采用加入行业、地区和时间固定效应的OLS模型进行测算。根据上文研究思路，本书构建了如下计量模型，以考察财政激励对企业生产率绩效的影响。在后文中，本书将会分企业特征进行更深入的讨论，以便更详细地观测财政激励对企业生产率绩效的异质性影响。

$$\ln tfp_{it} = \alpha_{21} + \beta_{21} subsidy_{it} + \mu X_{it} + D_i + I_i + T_i + \varepsilon_{it} \quad (5-2)$$

式中，i代表企业，t代表年份（2013—2015），$subsidy_{it}$为财政激励，D_i表示地区的固定效应，I_i表示行业的固定效应，T_i表示时间的固定效应，ε_{it}为随机干扰项，tfp_{it}是衡量企业生产率绩效的核心指标。

根据研究需要，本书引入财政激励总额及是否获得财政激励两个指标，以稳健地检验财政激励对企业生产率绩效的影响。本章的核心解释变量为财政激励，用企业所享受的财政激励总额以及是否享受到财政激励进行衡量。衡量企业生产率绩效的指标为全要素生产率，在上一节中进行了详细介绍。

根据研究需要，本书选择的控制变量主要有：企业资本劳动比、企业规模、企业工资水平、企业技术水平、企业所有制类型等。同时，考虑到不同行业、不同地区企业经营能力存在差别，模型中还将控制行业效应、地区效应。

资本劳动比，用企业固定资产净值与员工人数的比值表示，同时做对数化处理。不同的资本劳动比反映了资本和劳动投入差异，从而影响企业生产要素的产出效率和水平。

企业规模,以企业人数进行衡量,同时做对数化处理。一般认为,企业规模越大,越容易享受到规模报酬的好处,从而对于企业全要素生产率提升有着正向促进作用。

企业工资水平,以企业员工工资总数与员工人数的比值表示,同时做对数化处理。企业工资水平是影响企业绩效水平的因素之一,因而将其作为本章回归模型的控制变量。

企业技术水平,以是否使用国外机器作为衡量指标,为0—1变量。引入并使用国外机器在一定程度上代表了企业对于生产经营的技术投入程度,关系各类生产要素的产出效率。

企业所有制类型,主要包含民营企业、国有企业、中国港澳台企业及外资企业四类企业。在具体的回归分析中,主要以民营企业为对照组,来分析相比民营企业而言,其他三类企业对企业生产率绩效的影响。

综上所述,在此给出本章所涉及主要变量的描述性统计结果,如表5-1所示。

表5-1　　财政激励与企业生产率绩效的描述性统计结果

变量名称	变量含义	Obs.	Mean	Std. Dev.	Min	Max
被解释变量						
全要素生产率	企业全要素生产率	2 598	4.551	1.039	-1.163	7.241
解释变量						
是否获得财政激励	2012—2015年是否获得财政激励	3 231	0.314	0.464	0	1
财政激励总额	2012—2015年年均享受的财政激励金额	3 180	1.040	1.841	0	5.674
控制变量						
资本劳动比	固定资产净值/员工数	2 913	1.944	1.497	-1.274	4.451
规模	员工数	3 048	5.442	1.415	3.296	8.216
工资水平	工资总数/员工数	2 805	1.126	0.885	-0.904	2.793
技术水平	是否使用国外机器	3 252	0.338	0.473	0	1
民营企业	是否为民营企业	2 070	1	0	1	1

续表

变量名称	变量含义	Obs.	Mean	Std. Dev.	Min	Max
国有企业	是否为国有企业	399	2	0	2	2
中国港澳台企业	是否为中国港澳台企业	603	3	0	3	3
外资企业	是否为外资企业	252	4	0	4	4

第二节 财政激励影响企业生产率绩效的实证检验

本节主要介绍财政激励与企业生产率绩效的基本回归结果，并在此基础上，采用工具变量、倾向得分匹配等方法对计量结果进行内生性检验，以期得到稳健的回归结果。

一、基准回归

财政激励对企业生产率绩效的基本估计结果如表 5-2 所示。其中，（1）（2）（3）的主解释变量使用的是是否获得财政激励，（4）（5）（6）的主解释变量使用的是财政激励总额，以增强本书分析结果的可靠性。在未控制其他变量时，本书发现，财政激励对于企业全要素生产率具有正向促进作用，且在 1% 的置信水平上显著。为进一步保障结果的稳健性，本书控制了企业规模、资本劳动比、技术水平、所有制类型、工资水平，以及时间、地点、行业等因素，结果发现，财政激励仍在 5% 的置信水平上显著正向影响着企业全要素生产率。表中（4）（5）（6）列的估计结果除系数有了一定程度的变小外，其符号及显著性均保持了一致。前述结果初步表明，财政激励对于企业全要素生产率提升发挥着正向促进作用。通常认为，生产率与利润率之间呈现显著的正相关关系（尹翔硕、陈陶然，2015），而财政激励对于企业生产率、资产收益率的影响均显著为正，体现了回归结果的一致性。

表 5-2　　　　　　　　　财政激励与企业全要素生产率

	全要素生产率					
	(1)	(2)	(3)	(4)	(5)	(6)
是否获得财政激励	0.5710***	0.1900**	0.1680**			
	(0.0613)	(0.0699)	(0.0721)			
财政激励总额				0.1730***	0.0512**	0.0428**
				(0.0167)	(0.0190)	(0.0184)
资本劳动比		0.0934***	0.0595*		0.0891**	0.0567*
		(0.0330)	(0.0323)		(0.0335)	(0.0334)
规模		0.2890***	0.2930***		0.2790***	0.2850***
		(0.0285)	(0.0244)		(0.0307)	(0.0254)
工资水平		0.4200***	0.4350***		0.4190***	0.4350***
		(0.0295)	(0.0293)		(0.0297)	(0.0295)
技术水平（0—1）		-0.0337	0.0130		-0.0344	0.0115
		(0.0606)	(0.0559)		(0.0613)	(0.0551)
国有企业（0—1）		0.1240*	0.0840		0.1250*	0.0846
		(0.0679)	(0.0776)		(0.0670)	(0.0764)
中国港澳台企业（0—1）		-0.0485	-0.0270		-0.0326	-0.0141
		(0.0861)	(0.0798)		(0.0862)	(0.0803)
外资企业（0—1）		0.3970***	0.4200***		0.4180***	0.4340***
		(0.1230)	(0.1190)		(0.1210)	(0.1170)
地区	No	No	Yes	No	No	Yes
年份	No	No	Yes	No	No	Yes
行业	No	No	Yes	No	No	Yes
观测值	2 283	2 283	2 283	2 283	2 283	2 283
R^2	0.0640	0.4000	0.4500	0.0920	0.4000	0.4500

注：括号内为使用行业固定效应聚类调整的标准误（cluster standard error），***、** 和 * 分别表示在1%、5%和10%水平上显著。

二、分位数回归

考虑到不同性质企业的异质性，本书在基本回归结果的基础上，将采用分位数回归的方法对财政激励对于企业生产率绩效的影响系数进行比较，从而研究上述影响是否在微观实证关系中呈现出较强的企业异质性。

首先，本书采用分位数回归的方法对财政激励对企业生产率绩效的影响进行拓展性分析，以更加全面地观测财政激励对企业全要素生产率作用的方向、大小和趋势。本书对25、50、75分位数下财政激励对于企业全要素生产率的影响进行实证分析，结果如表5-3所示。财政激励对企业全要素生产率的影响在25分位数、50分位数和75分位数点上的系数呈现逐渐下降趋势。具体而言，在25分位数上，财政激励对全要素生产率的回归系数值为0.0516个百分点；在75分位数上，其对全要素生产率的回归系数值下降到0.0356个百分点，说明财政激励对生产率较高企业的影响效应不断减弱。25分位点系数最大，说明财政激励对于生产率处于较低水平企业的促进作用最强。50~75分位点系数逐渐递减，表明财政激励对于中、高生产率水平企业的促进作用，将随着生产率的提升而减弱。比较分位点系数可以发现，财政激励对于低生产率水平企业的促进作用更强。可能的原因是，财政激励为其提供了发展所需要的外部资金从而提升了其竞争优势。

表5-3　　　　不同分位点系数的异质性：企业生产率绩效

	全要素生产率		
	25分位数	50分位数	75分位数
财政激励总额	0.0516***	0.0425***	0.0356**
	(0.0099)	(0.0110)	(0.0166)
资本劳动比	0.0030	0.0742***	0.1130***
	(0.0129)	(0.0142)	(0.0214)
规模	0.3390***	0.3160***	0.2930***
	(0.0147)	(0.0162)	(0.0245)
工资水平	0.4920***	0.4310***	0.3650***
	(0.0193)	(0.0213)	(0.0321)
技术水平	-0.0233	-0.0170	-0.0868
	(0.0376)	(0.0415)	(0.0626)

续表

	全要素生产率		
	25 分位数	50 分位数	75 分位数
国有企业	0.0534	0.0470	0.1010
	(0.0518)	(0.0572)	(0.0863)
中国港澳台企业	-0.0699	0.0028	0.1050
	(0.0467)	(0.0516)	(0.0779)
外资企业	0.2310***	0.3420***	0.3600***
	(0.0676)	(0.0747)	(0.113)
地区	Yes	Yes	Yes
年份	Yes	Yes	Yes
行业	Yes	Yes	Yes
观测值	2 295	2 295	2 295
Pseudo R^2	0.3324	0.3075	0.2565

注：括号内为对应参数的标准误（standard error），*** 和 ** 分别表示在1%和5%水平上显著。

三、分企业特征回归

不同所有制类型财政激励对企业生产率绩效的影响结果如表5-4所示。在此次回归结果中，本书对国有企业、民营企业、中国港澳台企业、外资企业分别进行回归。结果显示，除民营企业组别中财政激励对企业全要素生产率提升产生了正向显著影响外，其他组别中这一影响均不显著。表明，相比于国有企业、外资企业，财政激励对于民营企业能够发挥更大的生产率绩效提升作用。在我国，民营经营为我国国内生产总值的贡献率达到了60%，是国民经济的重要组成部分。进一步加大对民营企业的政策扶持，特别是财政资金的扶持，有利于激发其发展活力，提升其全要素生产率水平。同时，相比于国有企业，民营企业在资金、资源方面都较为匮乏，特别是融资方面受到了较大的约束。当政府给予财政资金时，这部分资金往往能够弥补民营企业经营和生产所需要的资金，因而能够进一步推动企业发展。

表 5-4 不同所有制企业的财政激励与生产率绩效

	全要素生产率			
	国有企业	民营企业	中国港澳台企业	外资企业
财政激励总额	0.0546	0.0391***	0.0252	0.0250
	(0.0338)	(0.0138)	(0.0347)	(0.0314)
资本劳动比	0.1180*	0.0337*	-0.0319	0.1440***
	(0.0663)	(0.0187)	(0.0483)	(0.0524)
规模	0.2840***	0.3030***	0.2530***	0.4300***
	(0.0536)	(0.0217)	(0.0561)	(0.0719)
工资水平	0.2790***	0.4610***	0.5470***	0.2620***
	(0.0922)	(0.0270)	(0.1070)	(0.0848)
技术水平	0.1940	-0.0307	-0.1270	-0.1250
	(0.1520)	(0.0521)	(0.1140)	(0.1330)
地区	Yes	Yes	Yes	Yes
年份	Yes	Yes	Yes	Yes
行业	Yes	Yes	Yes	Yes
观测值	285	1 416	417	174
R^2	0.6280	0.4820	0.5230	0.7610

注：括号内为使用行业固定效应聚类调整的标准误（cluster standard error），*** 和 * 分别表示在 1% 和 10% 水平上显著。

表 5-5 列示了不同规模企业财政激励对企业生产率绩效的影响结果。分组回归结果表明，对小型企业而言，财政激励对其全要素生产率的提升有着显著正向影响。而这一影响在中型及大型企业中并不显著，说明财政激励在小型企业中能够发挥更大的绩效促进作用。小型企业作为推动市场经济发展的重要力量，相比于大中型企业，普遍存在着资金相对缺乏、融资困难等问题（Stiglitz & Weiss，1981）。因而，财政激励将有助于增加小型企业生产经营所需的资金投入，从而为其生产效率的提升提供资本要素支持。

表 5-5　　　　　　不同规模企业的财政激励与生产率绩效

	全要素生产率		
	小型企业	中型企业	大型企业
财政激励总额	0.0499*	0.0412	0.0101
	(0.0271)	(0.0259)	(0.0235)
资本劳动比	0.0149	0.0625	0.0012
	(0.0332)	(0.0643)	(0.0888)
规模	0.3020***	0.2890***	0.1940**
	(0.0439)	(0.0762)	(0.0886)
工资水平	0.4510***	0.4180***	0.3820**
	(0.0361)	(0.0695)	(0.1640)
技术水平	0.0297	0.00610	-0.0679
	(0.0894)	(0.0804)	(0.2390)
国有企业	-0.0274	-0.0833	-0.0797
	(0.1290)	(0.1590)	(0.2080)
中国港澳台企业	0.1190	-0.0547	-0.2360
	(0.0901)	(0.1170)	(0.2510)
外资企业	0.6940**	0.2630	0.0729
	(0.2700)	(0.1670)	(0.1360)
地区	Yes	Yes	Yes
年份	Yes	Yes	Yes
行业	Yes	Yes	Yes
观测值	1 386	564	336
R^2	0.4030	0.5210	0.4890

注：括号内为使用行业固定效应聚类调整的标准误（cluster standard error），***、**和*分别表示在1%、5%和10%水平上显著。

不同出口类型企业财政激励对于企业生产率绩效的影响结果如表5-6所示。分组结果显示，对加工贸易企业而言，财政激励对其全要素生产率的提升有着显著正向影响。而这一影响在一般贸易及非出口型企业中并不显著，说明财政激励在加工贸易企业中能够发挥更大的绩效促进作用。之所以会出现这样的结果，可能的解释是加工贸易企业主要从事简单的附加值较低的加工工作，技术含量较低（蔡海亚、徐盈之，2017），其全要素生产率的提升与资金投入有着直接关联,因而相较于其他类型企业,财政激励对于加工贸易企业生产率绩效提升的作用更大。

表 5-6　不同出口类型企业的财政激励与生产率绩效

	全要素生产率		
	一般贸易	加工贸易	非出口
财政激励总额	0.0142	0.1460**	0.0498**
	(0.0239)	(0.0533)	(0.0236)
资本劳动比	0.0460	-0.0188	0.0791**
	(0.0302)	(0.0661)	(0.0335)
规模	0.2910***	0.3180***	0.2710***
	(0.0530)	(0.0749)	(0.0380)
工资水平	0.3840***	0.4800***	0.4160***
	(0.0400)	(0.1410)	(0.0309)
技术水平	0.0218	-0.2140	0.0937
	(0.1040)	(0.1980)	(0.1050)
国有企业	0.3850	0.7070*	-0.0869
	(0.2300)	(0.3500)	(0.0912)
中国港澳台企业	-0.0347	-0.0395	0.210**
	(0.1040)	(0.1980)	(0.1020)
外资企业	0.0543	0.5810**	0.6510
	(0.1310)	(0.2740)	(0.4690)
地区	Yes	Yes	Yes
年份	Yes	Yes	Yes
行业	Yes	Yes	Yes
观测值	624	363	1 272
R^2	0.5940	0.5790	0.4640

注:括号内为使用行业固定效应聚类调整的标准误(cluster standard error),***、**和*分别表示在1%、5%和10%水平上显著。

本书将在下面具体分析财政激励对不同行业企业生产率绩效的影响结果。从表5-7的回归结果可以看到,对于电子设备行业、皮革与纺织行业以及化工行业,财政激励对企业的生产率具有正向显著影响。而对于食品行业以及金属行业，财政激励并未表现出对企业生产率绩效的显著提升作用，表明这一类行业的企业对于财政激励的依赖性较低。值得一提的是，对于机械设备制造、非金属行业这类传统行业，财政激励对于企业的生产率产生了负向影响，表明财政激励在这一类行业中难以产生理想的政策效果。总体而言，对于电子设备这一行业而言，财政激励发挥了正向促进作用，而对于传统行业，如食品及金属行业，这一正向效应并不显著，甚至对于机械设备制造业产生了负向影响。

表 5-7　　　　　　　　不同行业企业的财政激励与生产率绩效

	全要素生产率						
	食品	皮革与纺织	化工	非金属	金属	机械设备制造	电子设备
财政激励总额	0.0307	0.0777**	0.2000***	-0.0090	0.0009	-0.0227	0.0658***
	(0.0338)	(0.0305)	(0.0496)	(0.0271)	(0.0433)	(0.0281)	(0.0219)
资本劳动比	0.0335	0.0597**	0.266***	-0.1250***	0.1130**	0.1230**	-0.0545
	(0.0704)	(0.0296)	(0.0759)	(0.0455)	(0.0494)	(0.0498)	(0.0333)
规模	0.3680***	0.2680***	0.4700***	0.3510***	0.1080*	0.3790***	0.3190***
	(0.0590)	(0.0364)	(0.1060)	(0.0551)	(0.0634)	(0.0627)	(0.0393)
工资水平	0.7040***	-0.2190**	-0.8270	0.1140	0.0472	0.1110	0.0420
	(0.1490)	(0.0913)	(0.4980)	(0.1400)	(0.1390)	(0.1120)	(0.0859)
技术水平	0.5240***	0.5110***	0.5150***	0.5020***	0.4760***	0.3500***	0.3790***
	(0.0664)	(0.0549)	(0.1410)	(0.0671)	(0.0871)	(0.0745)	(0.0669)
国有企业	-0.2080	0.2020	-1.3550***	0.0599	0.2910	-0.0859	0.0058
	(0.1890)	(0.1700)	(0.3520)	(0.1250)	(0.2910)	(0.1880)	(0.1410)
中国港澳台企业	-0.2870	0.1700	0.07460	-0.1960	0.2430	-0.1670	-0.1550
	(0.2780)	(0.1170)	(0.6790)	(0.1550)	(0.1550)	(0.1670)	(0.1110)
外资企业	-0.4920*	1.0500***	0.0158	-0.1280	0.0094	-0.1250	0.2460***
	(0.2640)	(0.2990)	(0.8090)	(0.3250)	(0.1640)	(0.2310)	(0.0881)
地区	Yes	Yes	Yes	Yes	Yes	Yes	Yes
年份	Yes	Yes	Yes	Yes	Yes	Yes	Yes
行业	Yes	Yes	Yes	Yes	Yes	Yes	Yes
观测值	210	393	105	273	243	327	483
R^2	0.6850	0.5200	0.8070	0.5970	0.5650	0.5390	0.5480

注：括号内为稳健标准误（Robust Std. Error）；***、**和*分别表示在1%、5%和10%水平上显著。

第三节 稳健性检验

为增加估计结果的可靠性和可行性,本章同样对基本回归结果进行稳健性检验。由于一方面财政激励会对企业全要素生产率产生影响,另一方面政府倾向于财政激励规模较大、生产效率较高的企业,从而企业的全要素生产率也关系到是否能获得财政激励以及获得的财政激励金额的多少。同上章节稳健性检验所使用的方法一致,为解决实证分析中可能存在的内生性和自选择的问题,本书主要采用两种方式进行解决:第一,对于内生性问题使用工具变量进行克服。工具变量(IV)方法主要解决财政激励与企业生产率绩效之间的内生性问题。第二,采用倾向分值估计(PSM)解决企业申请财政激励时的自选择问题。

(一) 工具变量

本书采用工具变量的方法来应对财政激励与企业生产率之间的内生性问题。其中,选取本行业除本企业外的平均财政激励金额作为财政激励的工具变量。表5-8第(1)列报告了财政激励与企业生产率绩效的2SLS估计结果。在使用工具变量进行两阶段最小二乘法(2SLS)估计时,首先用弱工具变量检验来判断工具变量的有效性。结果显示,第一阶段回归检验的F值为50.15,大于10,且在1%的显著性水平上显著,表明不存在弱工具变量问题。在控制了解释变量的内生性之后,财政激励仍然在5%的显著性水平上影响企业生产率绩效,且系数与基本回归结果保持一致。其余控制变量的系数符号与预期相符。说明财政激励对企业生产率绩效的影响是十分稳健的,即使考虑到内生性问题,依然如此。本书同时使用对弱工具变量更不敏感的有限信息最大似然法(LIML),其结果如表5-8中第(2)列所示,对比发现,各变量系数没有变化,验证了所得结论的稳健性和合理性。

(二) 倾向得分匹配

根据倾向得分匹配的估计思路,首先需对企业是否获得财政激励的倾

表 5-8　　　　　　　　财政激励与生产率绩效：工具变量

	全要素生产率	
	2SLS	LIML
财政激励总额	0.0417**	0.0417**
	(0.0194)	(0.0194)
资本劳动比	0.0566*	0.0566*
	(0.0315)	(0.0315)
规模	0.2880***	0.2880***
	(0.0260)	(0.0260)
工资水平	0.4360***	0.4360***
	(0.0284)	(0.0284)
技术水平（0—1）	0.0037	0.0037
	(0.0544)	(0.0544)
国有企业（0—1）	0.0904	0.0904
	(0.0756)	(0.0756)
中国港澳台企业（0—1）	-0.0188	-0.0188
	(0.0793)	(0.0793)
外资企业（0—1）	0.4300***	0.4300***
	(0.1160)	(0.1160)
地区	Yes	Yes
年份	Yes	Yes
行业	Yes	Yes
观测值	2 295	2 295
R^2	0.4510	0.4510

注：括号内为使用行业固定效应聚类调整的标准误（cluster standard error），***、**和*分别表示在1%、5%和10%水平上显著。

向分值进行估计。本书主要采用二元分类变量的 Logit 模型，以是否获得财政激励（0—1 变量）为因变量，估计企业受到财政激励干预的概率。解释变量涵盖了前文所涉及的主要变量。同时，为尽量减少遗漏变量对倾向指数估计的干扰，Logitech 估计过程还引入了企业所在行业、地区和时间的固定效应。回归结果显示，企业资本劳动比、企业规模对企业获得财政激励的正向影响在 1% 的水平上显著，企业性质对企业获得财政激励的负向影响在 1% 的水平上显著。在其他因素不变的前提下,资本劳动比高的企业、大型企业更容易获得财政激励。

表 5-9　倾向得分的 Logit 估计结果:企业全要素生产率

变量含义	系数	标准误	P 值	边际影响
企业资本劳动比	0.263***	0.042	0.000	0.047
企业规模	0.487***	0.044	0.000	0.018
企业工资水平	0.111*	0.057	0.053	0.087
企业技术水平	0.100	0.110	0.363	0.020
国有企业	0.156	0.156	0.317	0.029
中国港澳台企业	-0.394***	0.147	0.007	-0.069
外资企业	-0.653***	0.203	0.001	-0.109
Log Likelihood = -1356.078			LR chi2 (37) = 346.50	
Prob > chi2 = 0.0000			Pseudo R^2 = 0.1422	

注:边际影响对虚拟变量而言是指从 0 到 1 的离散变化,*** 和 * 分别表示在 1% 和 10% 水平上显著。

本节还将运用倾向得分匹配(PSM)的识别方法,实证检验是否获得财政激励对于企业生产率绩效的因果效应。同上节分析一致,本节将重点采用三种常用方法进行实证检验。表 5-10 具体给出了 $n=4$ 的 K 近邻匹配、默认半径的卡尺匹配,以及 $n=4$ 且默认半径的卡尺近邻匹配的检验结果。结果表明,在充分考虑到样本选择性偏误等问题的情况下,获得财政激励将对企业全要素生产率具有显著的正向因果关系。匹配前,参与者平均处理效应(ATT)均在 1% 的显著性水平上显著;匹配后,参与者平均处理效应均在 1% 的显著性水平上显著。

表 5-10　财政激励与生产率绩效:倾向得分匹配

匹配方法	统计指标	影响系数	全要素生产率		统计量
			获得财政激励	未获得财政激励	
K 近邻匹配法	匹配前	ATT	0.589	4.934	4.344	13.19***
($n=4$)	匹配后	ATT	0.178	4.909	4.731	3.10***
卡尺匹配法	匹配前	ATT	0.589	4.934	4.344	13.19***
($r=0.021$)	匹配后	ATT	0.166	4.909	4.742	3.16***

续表

匹配方法		统计指标	影响系数	全要素生产率		统计量
				获得财政激励	未获得财政激励	
卡尺 k 近邻匹配	匹配前	ATT	0.589	4.934	4.345	13.19***
($n=4$, $r=0.021$)	匹配后	ATT	0.178	4.909	4.731	3.11***

注:"匹配前"指未实施PSM的样本,"匹配后"指进行PSM匹配后的样本,***表示在1%水平上显著。

第四节 本章小结

在控制企业规模、资本劳动比等控制变量以及时间、地点、行业等因素之后,财政激励显著正向影响着企业的全要素生产率,在稳健性检验中结果仍然如此,说明财政激励对于企业生产率绩效提升发挥着正向促进作用。同样的,分位数回归结果表明,财政激励对于中、高生产率水平企业的促进作用将随着企业生产率的提升而减弱。比较分位点系数可以发现,财政激励对于低生产率水平企业的促进作用更强。可能的原因是,财政激励为其提供了发展所需要的外部资金从而提升了其竞争优势。

财政激励还对企业生产率绩效的影响在不同特质的企业中具有较大的异质性。从不同性质企业的分组结果来看,相比于国有企业、外资企业,财政激励对民营企业能够发挥更大的生产率绩效提升作用;从不同规模企业的分组情况来看,对小型企业,财政激励对其全要素生产率的提升有着显著正向影响,而这一影响在中型及大型企业中并不显著,说明财政激励在小型企业中能够发挥更大的绩效促进作用;从不同出口类型企业的分组来看,财政激励对加工贸易企业的全要素生产率的提升有着显著正向影响,而这一影响在一般贸易及非出口型企业中并不显著,说明财政激励在加工贸易企业中发挥的作用更大;从企业所属的行业类型来看,对于电子设备这一行业,财政激励发挥了正向促进作用,而对于传统行业,如食品及金属行业,这一正向效应并不显著,甚至对机械设备制造业产生了负向影响。

第六章

财政激励对企业创新绩效的影响

一般认为,创新是企业保持可持续发展的根本动力。外部性理论表明,政府通过财政激励的方式对进行技术创新的企业进行弥补,可以提高其创新的积极性,促进其创新产出增加。因而,观测财政激励对企业创新绩效的影响有助于掌握目前财政激励对企业创新是否起到了应有的推动作用。本章将通过构建基本回归模型,对财政激励与企业创新绩效的关系进行计量检验,并进一步采用工具变量、倾向得分匹配等方法对于计量结果进行内生性检验,以得到稳健的回归结果。同时,通过全方位考察财政激励政策对不同特征企业创新行为的影响,深入剖析财政激励的政策效果。

第一节 变量选取与模型设定

一、创新绩效的测度

由于企业技术创新过程及产出具有多样性和复杂性等特点,创新绩效的衡量指标并没有统一的定论。本书创新绩效反映的侧重点在于创新成果转化或产业化的绩效,因而对于企业创新绩效的衡量主要采用专利、新产品销售等指标。通过查阅资料,且考虑到数据的丰富性,本书在此将选取多种指标来作为这一指标的代理变量,既考虑创新所带来的企业专利数量的增加,又考虑新产品销售额及比例的提高。

对于专利,主要采用专利总数、发明专利、国内外专利数等代理变量进行衡量。根据 Tan 等(2014)、Tong 等(2014)的观点,专利中只有发明专利才能真正代表企业的创新能力。因而,本书进一步将专利数量分为发明专利、非发明专利。其中,非发明专利包括实用新型专利及外观专利。

对于新产品销售的衡量,主要采用新产品销售额和新产品销售比例(池仁勇,2003)。其中,新产品销售比例为新产品销售额占销售总额的比重。新产品销售反映的是创新成果产业化之后的绩效,是应用化的绩效指标（陈劲、陈钰芬，2006），Crepon 等（1998）、Pellegrino 等（2012）学者均使用了企业的新产品开发或者销售情况研究企业的创新能力。

二、模型设定

基于此次调查数据的短面板性质，本书对财政激励对企业创新绩效实证关系的检验采用加入行业、地区和时间固定效应的 OLS 模型进行测算。根据上文研究思路，本书构建了如下计量模型，以考察财政激励对于企业创新绩效的影响。在后文中，本书将会分企业特征进行更深入的讨论，以便更详细地观测不同财政激励对于企业创新绩效的影响。

$$\ln innovation_{it} = \alpha_{31} + \beta_{31} subsidy_{it} + \mu X_{it} + D_i + I_i + T_i + \varepsilon_{it} \qquad (6-1)$$

式中，i 代表企业，t 代表年份（2013 – 2015），$subsidy_{it}$ 为财政激励，D_i 表示地区的固定效应，I_i 表示行业的固定效应，T_i 表示时间的固定效应，ε_{it} 为随机干扰项，$innovation_{it}$ 是衡量企业创新绩效的指标。

本章的核心解释变量为科技创新激励，主要选取针对企业创新的科技创新激励作为主要的解释变量，将科技创新激励总额、是否获得科技创新激励两个指标作为其代理变量。同时，还将科技创新激励进行分类，以具体检验财政激励对于企业绩效的影响效果。其中，科技创新激励主要分为环保项目激励、新能源项目激励、高新技术激励及技改资金四类财政激励。同时，本书的被解释变量为创新绩效，主要以与创新产出相关的指标进行衡量，具体测算方法在上节中进行了详细介绍。

根据研究需要，本书选择的控制变量主要有：企业研发投入、企业资本劳动比、企业规模、企业工资水平、企业技术水平、企业所有制类型等。同时，考虑到不同行业、不同地区企业经营能力存在差别，模型中还将控制行业效应、地区效应。

企业研发投入，主要使用研发支出的金额进行衡量，同时做对数化处理。一般认为，创新投入（包含研发经费投入和人员投入）与企业创新绩效之间存在着显著关系，会对创新绩效产生显著正向影响（曹勇，2012；马文聪等，2013）。

企业资本劳动比，用企业固定资产净值与员工人数的比值表示，同时做对数化处理。在资本劳动比上升的趋势下，企业倾向于使用资本来替代劳动力投入，在这种情况下，企业有更大的可能增加研发资金投入，从而提升创新产出（张慧明、蔡银，2015）。因而，本书将资本劳动比作为影响企业创新的变量之一。

企业规模。通常而言，企业规模越大，更加倾向于进行高强度的创新投入。本书采用企业当年员工总人数来进行测量，同时做对数化处理。

企业工资水平，以企业员工工资总数与员工人数的比值表示，同时做对数化处理。企业的工资激励可以弥补员工之间由于贡献创新知识而承受的压力和负担，相当于对于他们的知识传播进行额外的补偿和奖励（Lee & Choi，2003），使得原本属于个体层面的创新知识提升为组织层面的创新知识，从而提升企业创新绩效。

企业技术水平，以是否使用数控机器作为衡量指标，为0—1变量。购买新设备、引进新的工作方式被视为工艺创新的模式之一（Yuji & Monica，2013），通过这种技术升级可以带来企业创新绩效的提升（Stahl et al.，2014）。

企业所有制类型。所有制包含四种类型，即民营企业、国有企业、中国港澳台企业、外资企业。本书选择民营企业作为对照组，以观测其他三类所有制企业相对于民营企业的创新状况。

综上所述，在此给出本章所涉及主要变量的描述性统计结果，如表6-1所示。

表6-1　　财政激励与企业创新绩效的描述性统计结果

变量名称	变量含义	Obs.	Mean	Std. Dev.	Min	Max
被解释变量						
专利总数	2015年获批的专利总数	3075	0.694	1.186	0	7.984
国内专利数	2015年获批的国内专利数	3159	0.714	1.187	0	7.687
国外专利数	2015年获批的国外专利数	3081	0.088	0.485	0	6.629
发明专利	2015年获批的发明专利数	3000	0.215	0.636	0	6.863
非发明专利	2015年获批的非发明专利数	3075	0.409	0.853	0	7.050

续表

变量名称	变量含义	Obs.	Mean	Std. Dev.	Min	Max
新产品销售额	2013—2015年新产品销售额	2904	2.229	3.501	0	18.826
新产品销售比例	2013—2015年新产品销售比例	2703	0.159	0.400	0	1.564
解释变量						
是否获得科技创新激励	2012—2015年是否获得科技创新激励	2811	0.289	0.903	0	3.504
科技创新激励总额	2012—2015年年均享受的科技创新激励金额	2811	0.108	0.310	0	1
环保项目激励	2012—2015年年均享受的环保项目激励金额	3210	0.124	0.678	0	7.537
新能源项目激励	2012—2015年年均享受的新能源项目激励金额	3207	0.090	0.625	0	8.896
高新技术激励	2012—2015年年均享受的高新技术激励金额	3204	0.404	1.228	0	8.046
技改资金	2012—2015年年均享受的技改资金金额金额	2811	0.141	0.731	0	7.327
控制变量						
研发投入	企业研发支出金额	2952	2.885	3.128	0	13.217
资本劳动比	固定资产净值/员工数	2913	1.944	1.497	-1.274	4.451
规模	员工数	3048	5.442	1.415	3.296	8.216
工资水平	工资总数/员工数	2805	1.126	0.885	-0.904	2.793
技术水平	是否使用国外机器	3252	0.338	0.473	0	1
民营企业	是否为民营企业	2070	1	0	1	1
国有企业	是否为国有企业	399	2	0	2	2
中国港澳台企业	是否为中国港澳台企业	603	3	0	3	3
外资企业	是否为外资企业	252	4	0	4	4

第二节 财政激励影响企业创新绩效的实证检验

本节主要介绍财政激励与企业创新绩效的基本回归结果,在此基础上,对于衡量创新绩效的多重指标进行分别检验,以观测财政激励对于企业创新绩效的异质性影响。

一、基准回归

财政激励对企业创新绩效的基本估计结果如表 6-2 所示。其中，（1）（2）（3）的主解释变量使用的是是否获得科技创新激励，（4）（5）（6）的主解释变量使用的是科技创新激励总额，以增强本书分析结果的可靠性。在未控制其他变量时，本书发现，财政激励对于企业创新绩效具有正向促进作用，且在 1% 的置信水平上显著。为进一步保障结果的稳健性，本书控制了企业研发投入、企业规模、资本劳动比、技术水平、所有制类型、工资水平，以及时间、地点、行业等因素，结果发现，财政激励仍在 1% 的置信水平上显著正向影响企业创新绩效。表中（4）（5）（6）列的估计结果除系数有了一定程度的变小外，其符号及显著性均保持了一致。因而，可以说财政激励对于企业创新绩效提升发挥着正向促进作用。与已有研究相比（黎文靖、郑曼妮，2016；邢会等，2019），财政激励对企业创新绩效的显著性相同，而影响系数却有所下降，说明财政激励对于制造业企业创新的影响有所减弱。

表 6-2　　　　　　　财政激励与企业专利总数

	专利总数					
	(1)	(2)	(3)	(4)	(5)	(6)
是否获得科技创新激励	0.9610***	0.3910***	0.3830***			
	(0.1410)	(0.0993)	(0.1020)			
科技创新激励总额				0.3700***	0.1620***	0.1600***
				(0.0547)	(0.0381)	(0.0366)
研发支出		0.1880***	0.1710***		0.1850***	0.1680***
		(0.0171)	(0.0168)		(0.0168)	(0.0163)
资本劳动比		0.0174	0.0270		0.0157	0.0266
		(0.0264)	(0.0206)		(0.0264)	(0.0203)

续表

	专利总数					
	(1)	(2)	(3)	(4)	(5)	(6)
规模		0.0968***	0.1070***		0.0925***	0.1020***
		(0.0304)	(0.0291)		(0.0295)	(0.0283)
工资水平		-0.0380	-0.0259		-0.0391	-0.0275
		(0.0244)	(0.0282)		(0.0235)	(0.0273)
技术水平 (0—1)		0.1180**	0.1520**		0.1220**	0.1550**
		(0.0567)	(0.0739)		(0.0577)	(0.0741)
国有企业 (0—1)		0.0970	0.0835		0.0780	0.0659
		(0.0870)	(0.0871)		(0.0897)	(0.0892)
中国港澳台企业 (0—1)		-0.2520**	-0.2250*		-0.2510**	-0.2300*
		(0.1020)	(0.1270)		(0.1010)	(0.1260)
外资企业 (0—1)		-0.0629	-0.1990		-0.0543	-0.1980
		(0.1230)	(0.1370)		(0.1210)	(0.1350)
地区	No	No	Yes	No	No	Yes
年份	No	No	Yes	No	No	Yes
行业	No	No	Yes	No	No	Yes
观测值	1866	1866	1866	1866	1866	1866
R^2	0.1010	0.4660	0.5340	0.1260	0.4730	0.5400

注：括号内为使用行业固定效应聚类调整的标准误（cluster standard error），***、**和*分别表示在1%、5%和10%水平上显著。

为进一步细致考察科技创新激励对于企业专利数的影响，本书进一步将专利分为发明专利、非发明专利，其中非发明专利包括实用新型专利及外观专利。与发明专利相比，非发明专利周期更短、获取的难度更低，对企业技术创新能力的提升效果有限，但企业出于寻求更高财政激励的需要同样会积极地进行非发明专利的申请。表6-3列示了财政激励与企业发明专利、非发明专利的回归结果，其中，（1）（2）的被解释变量为发明专利数，（3）（4）的被解释变量为非发明专利数。回归结果表明，无论是是否有科技创新还是科技创新总额，均对于发明专利数有正向影响，但这一影响并不显著。对于非发明专利而言，科技创新激励对其的影响同样显著为正,且通过了 1% 的显著性水平检验。总体来看,财政激励均对于非发明专利产生了正向促进作用,而对于发明专利却没有显著影响,说明在财政激励的刺激下企业专利数量的提升更多的是非发明专利,而不是发明专利。这与中国学者龙小宁、王俊(2015)的研究结论相一致,即专利激励政策的影响主要集中在实用新型和外观设计这两类非发明专利上,而发明专利并未受到专利激励政策的显著影响。

究其原因,可能是政府对于不同类型专利的审查形式不一样。相较于非发明专利,发明专利在中国需进行实质审查(即对质量进行审核),审查时间较长,从申请到进行实质审查最长可达 3 年,因而其授权率要低于非发明专利。同时,由于实用新型和外观设计专利在申请过程中只需经过形式审查,而形式审查基本不涉及对质量的审核,因而在中国,非发明专利更容易得到授权,更容易满足企业达到财政激励申请条件的需要。

表 6-3　　　　　　　　财政激励与发明专利、非发明专利

	发明专利		非发明专利	
	(1)	(2)	(3)	(4)
是否获得科技创新激励	2.0670		0.3570***	
	(1.7310)		(0.0969)	
科技创新激励总额		0.7330		0.1520***
		(0.6350)		(0.0361)
研发支出	0.3120*	0.3500*	0.1130***	0.1110***
	(0.1560)	(0.1990)	(0.0162)	(0.0157)
资本劳动比	0.1420	-0.0484	0.0187	0.0184
	(0.1070)	(0.0873)	(0.0172)	(0.0170)
规模	0.5650*	0.3950	0.0899***	0.0853***
	(0.2810)	(0.2390)	(0.0274)	(0.0265)
工资水平	0.3380	0.3370	-0.0228	-0.0244
	(0.2670)	(0.2720)	(0.0203)	(0.0197)
技术水平	0.7160	1.0660	0.1460**	0.1490**
	(0.5770)	(0.8420)	(0.0687)	(0.0699)
国有企业	0.4320	0.5090	0.0814	0.0653
	(0.8330)	(0.7670)	(0.0910)	(0.0931)

续表

	发明专利		非发明专利	
	(1)	(2)	(3)	(4)
中国港澳台企业	-0.9380**	-0.8490**	-0.2930**	-0.2970**
	(0.4490)	(0.3790)	(0.1090)	(0.1090)
外资企业	-1.1870	-0.3810	-0.2780*	-0.2760*
	(0.7890)	(0.5350)	(0.1520)	(0.1500)
地区	Yes	Yes	Yes	Yes
年份	Yes	Yes	Yes	Yes
行业	Yes	Yes	Yes	Yes
观测值	1839	1839	1860	1860
R^2	0.3210	0.3310	0.4510	0.4590

注：括号内为使用行业固定效应聚类调整的标准误（cluster standard error），***、**和*分别表示在1%、5%和10%水平上显著。

由于专利总数可以区分为国内专利和国外专利，而国外专利可能更能代表企业的创新能力（张华容、薛新红，2017），因而本书将实证分析创新激励对于国外专利数、国内专利数的影响。表6-4列示了财政激励与企业国内外专利数的回归结果，其中，（1）（2）的被解释变量为国内专利数，（3）（4）的被解释变量为国外专利数。回归结果显示，无论是是否有科技创新还是科技创新总额，对于国内专利数的影响均影响为正，且通过了1%的显著性水平检验。说明，科技创新激励在一定程度上促进了企业国内专利的申请及授权。然而，对于国外专利数而言，科技创新对于其影响系数虽小，但显著为负。说明，科技创新激励不仅没有产生正向促进作用，反而在某种程度上抑制了企业国外专利数的获得。以上回归结果说明，财政激励对企业专利的促进作用更多体现在推动企业国内专利数量提升上。

除企业所获得的专业数外，本书还将分析财政激励对于企业新产品产出的影响。在这里，本书用新产品销售额、新产品销售比例作为企业新产品产出的代理变量。新产品销售能够反映创新性技术的商业化产出，更能够代表创新的经济绩效水平（李永友、叶倩雯，2017）。表6-5列示了财

表 6-4　　　　　　　　　　　　财政激励与国内外专利

	国内专利数		国外专利数	
	(1)	(2)	(1)	(2)
是否获得科技创新激励	0.4070***		-0.0610**	
	(0.1030)		(0.0264)	
科技创新激励总额		0.1620***		-0.0215**
		(0.0361)		(0.0092)
研发支出	0.1650***	0.1630***	0.0174**	0.0175**
	(0.0174)	(0.0170)	(0.0073)	(0.0073)
资本劳动比	0.0265	0.0260	0.0062	0.0062
	(0.0195)	(0.0193)	(0.0047)	(0.0047)
规模	-0.0235	-0.0238	-0.0086	-0.0082
	(0.0272)	(0.0264)	(0.0086)	(0.0085)
工资水平	0.1050***	0.0995***	0.0041	0.0044
	(0.0287)	(0.0281)	(0.0046)	(0.0046)
技术水平	0.1650**	0.1650**	-0.0123	-0.0125
	(0.0734)	(0.0738)	(0.0194)	(0.0193)
国有企业	0.0915	0.0750	-0.0268	-0.0249
	(0.0891)	(0.0901)	(0.0228)	(0.0221)
中国港澳台企业	-0.2650**	-0.2690**	0.0461	0.0471
	(0.1220)	(0.1210)	(0.0282)	(0.0281)
外资企业	-0.2360*	-0.2340*	0.0526	0.0526
	(0.1350)	(0.1330)	(0.0453)	(0.0456)
地区	Yes	Yes	Yes	Yes
年份	Yes	Yes	Yes	Yes
行业	Yes	Yes	Yes	Yes
观测值	1896	1896	1872	1872
R^2	0.5390	0.5440	0.1540	0.1540

注：括号内为使用行业固定效应聚类调整的标准误（cluster standard error），***、**和*分别表示在1%、5%和10%水平上显著。

政激励与企业新产品销售额、新产品销售比例的回归结果，其中，(1)(2)的被解释变量为新产品销售额，(3)(4)的被解释变量为新产品销售比例。回归结果显示，是否获得科技创新激励对于企业新产品销售额、新产品销售比例均有显著正向影响。科技创新激励总额对于企业新产品销售销售额、新产品销售的影响系数为正，但并不显著。说明，获得财政激励对企业新产品销售产生了提升作用,而财政激励金额的增加并未对企业新产品销售产生显著拉动作用。

表6-5　　　　　　　　　　财政激励与新产品销售

	新产品销售额		新产品销售比例	
	(1)	(2)	(3)	(4)
是否获得科技创新激励	0.9430**		0.1170*	
	(0.4410)		(0.0575)	
科技创新激励总额		0.2370		0.0329
		(0.1440)		(0.0198)
研发支出	0.4860***	0.4920***	0.0288***	0.0294***
	(0.0559)	(0.0576)	(0.0058)	(0.0057)
资本劳动比	-0.0254	-0.0233	-0.0019	-0.0017
	(0.0812)	(0.0818)	(0.0077)	(0.0078)
规模	0.2570***	0.2580***	0.0437***	0.0433***
	(0.0916)	(0.0890)	(0.0145)	(0.0142)
工资水平	0.1180	0.1120	0.0280***	0.0271***
	(0.1070)	(0.1100)	(0.0088)	(0.0088)
技术水平	-0.2680	-0.2780	-0.0511*	-0.0520*
	(0.2970)	(0.3020)	(0.0289)	(0.0296)
国有企业	-0.1950	-0.1970	-0.0049	-0.0063
	(0.4150)	(0.4170)	(0.0602)	(0.0603)
中国港澳台企业	-0.2410	-0.2640	-0.0272	-0.0300
	(0.4640)	(0.4600)	(0.0514)	(0.0513)
外资企业	-0.6370	-0.6500	-0.0925	-0.0939
	(0.5710)	(0.5740)	(0.0596)	(0.0595)
地区	No	Yes	No	Yes
年份	No	Yes	No	Yes
行业	No	Yes	No	Yes
观测值	1776	1776	1647	1647
R^2	0.3390	0.3360	0.2400	0.2370

注:括号内为使用行业固定效应聚类调整的标准误(cluster standard error),***、**和*分别表示在1%、5%和10%水平上显著。

本书还将考察不同类型的科技创新激励对企业创新绩效的影响。在这里，本书主要使用企业专利总数作为被解释变量。科技创新激励主要分为环保项目激励、新能源项目激励、高新技术激励及技改资金四类。表6-6中，(1)(2)(3)(4)的被解释变量为专利总数，(5)(6)(7)(8)的被解释变量为新产品销售比例。回归结果表明，高新技术激励对专利总数、新产品销售比例都有显著正向影响，且通过了1%的显著性水平检验。技改资金对于专利总数、新产品销售比例均有正向影响，但并不显著。此外，环保项目激励、新能源项目激励对于专利总数的影响并不显著，但对于新产品销售比例产生了显著负向影响。说明，环保项目激励、新能源项目激励对于企业创新绩效并没有发挥明显的促进作用。政府环保项目激励、新能源项目激励对于企业有明确的设备购买、排放减少等方面的硬性要求，因而对于企业专利、新产品的提升的作用并不显著。

表6-6　科技创新激励分项与企业专利总数、新产品销售比例

	专利总数				新产品销售比例			
	(1)	(2)	(3)	(4)	(5)	(6)	(7)	(8)
环保项目激励	0.1610				-0.0584^*			
	(0.0984)				(0.0293)			
新能源项目激励		0.1760				-0.0891^{**}		
		(0.1330)				(0.0347)		
高新技术激励			0.1660^{***}				0.0659^{***}	
			(0.0498)				(0.0222)	
技改资金				0.0202				0.0135
				(0.0421)				(0.0215)
研发支出	0.1730^{***}	0.1790^{***}	0.1670^{***}	0.1770^{***}	0.0334^{***}	0.0315^{***}	0.0282^{***}	0.0326^{***}
	(0.0161)	(0.0165)	(0.0177)	(0.0180)	(0.0054)	(0.0055)	(0.0052)	(0.0054)
资本劳动比	0.0283	0.0263	0.0258	0.0273	-0.0001	0.0008	-0.0001	0.0002
	(0.0207)	(0.0202)	(0.0197)	(0.0209)	(0.0070)	(0.0071)	(0.0078)	(0.0073)
规模	0.1070^{***}	0.1130^{***}	0.0950^{***}	0.1170^{***}	0.0514^{***}	0.0506^{***}	0.0399^{***}	0.0494^{***}
	(0.0279)	(0.0279)	(0.0266)	(0.0291)	(0.0150)	(0.0152)	(0.0161)	(0.0152)
工资水平	-0.0208	-0.0240	-0.0214	-0.0253	0.0223^{**}	0.0238^{**}	0.0252^{**}	0.0240^{**}
	(0.0249)	(0.0247)	(0.0257)	(0.0255)	(0.0090)	(0.0091)	(0.0092)	(0.0092)

续表

	专利总数				新产品销售比例			
	(1)	(2)	(3)	(4)	(5)	(6)	(7)	(8)
技术水平	0.1430**	0.1480**	0.1750**	0.1640**	-0.0516*	-0.0500	-0.0540*	-0.0580*
	(0.0588)	(0.0692)	(0.0682)	(0.0638)	(0.0290)	(0.0301)	(0.0283)	(0.0302)
国有企业	0.0838	0.0869	0.0478	0.0993	0.0130	0.0120	-0.0233	0.0048
	(0.0918)	(0.0769)	(0.0863)	(0.0815)	(0.0624)	(0.0606)	(0.0695)	(0.0576)
中国港澳台企业	-0.2320*	-0.2240*	-0.2140*	-0.2240*	-0.0314	-0.0350	-0.0324	-0.0347
	(0.1200)	(0.1210)	(0.1090)	(0.1200)	(0.0510)	(0.0523)	(0.0482)	(0.0520)
外资企业	-0.2310*	-0.2110	-0.1910	-0.2270*	-0.0962	-0.1030*	-0.0904	-0.0965
	(0.1330)	(0.1380)	(0.1270)	(0.1330)	(0.0607)	(0.0589)	(0.0582)	(0.0599)
地区	Yes	Yes	Yes	Yes	Yes	Yes	Yes	Yes
年份	Yes	Yes	Yes	Yes	Yes	Yes	Yes	Yes
行业	Yes	Yes	Yes	Yes	Yes	Yes	Yes	Yes
观测值	1860	1860	1860	1860	1644	1644	1644	1644
R^2	0.5350	0.5310	0.5460	0.5270	0.2410	0.2420	0.2540	0.2360

注：括号内为使用行业固定效应聚类调整的标准误（cluster standard error），***、**和*分别表示在1%、5%和10%水平上显著。

二、分位数回归结果

考虑到不同性质企业的异质性，本书在基本回归结果的基础上，通过分位数回归，区分不同企业特征、不同行业特征等方式，全面考察财政激励政策对企业创新绩效的不同影响。

本节将考察财政激励对于企业创新绩效的异质性影响。为分析需要，将专利数为0的企业剔除，仅对获得财政激励的企业进行回归。本书对于创新绩效分位数回归的分析主要分为25分位数、50分位数以及75分位数进行。表6-7的分位数回归结果表明，财政激励对企业创新绩效的影响在25分位数、50分位数和75分位数点上的系数呈现逐渐下降的趋势。具体而言，在25分位数上，财政激励对企业创新绩效的回归系数值为0.0904个百分点；在75分位数上，其对创新绩效的回归系数值下降到0.0598个百分点,且系数不显著,表明财政激励对于企业的作用将随着创新绩效的提升而减弱。分位点系数逐渐递减表明财政激励对于中、高创新绩效水平企业的促进作用,将随着创新绩效的提升而减弱。相比于本身已经具备较强创新能力的企业来说,财政激励对低创新水平企业的促进作用更强。

表6-7　　　　　不同分位点系数的异质性:企业创新绩效

	专利总数		
	25分位数	50分位数	75分位数
科技创新激励总额	0.0904***	0.0797**	0.0598
	(0.0216)	(0.0380)	(0.0371)
研发支出	0.0833***	0.0811***	0.1080***
	(0.0119)	(0.0208)	(0.0203)
资本劳动比	0.0562**	0.0499	0.1030**
	(0.0236)	(0.0415)	(0.0405)
规模	0.1470***	0.2300***	0.2290***
	(0.0287)	(0.0504)	(0.0492)
工资水平	-0.0081	0.0015	-0.0055
	(0.0318)	(0.0558)	(0.0544)
技术水平(0—1)	0.2000***	0.2030*	-0.0168
	(0.0616)	(0.1080)	(0.1060)
国有企业(0—1)	0.0316	-0.1200	0.0446
	(0.0763)	(0.1340)	(0.1310)
中国港澳台企业(0—1)	-0.3040***	-0.3980**	-0.4230**
	(0.1080)	(0.1890)	(0.1840)
外资企业(0—1)	0.4100***	0.0223	-0.4700*
	(0.1470)	(0.2580)	(0.2520)
地区	Yes	Yes	Yes
年份	Yes	Yes	Yes
行业	Yes	Yes	Yes
观测值	630	630	630
Pseudo R^2	0.3582	0.3390	0.4045

注:括号内为对应参数的标准误(standard error),***、**和*分别表示在1%、5%和10%水平上显著。

三、分企业特征回归

本部分有关财政激励与企业创新绩效的回归主要以专利总数为被解释变量,来探讨财政激励对于不同类型企业创新绩效的异质性影响。与前两章回归一致,在此次回归结果中,本书对国有企业、民营企业、中国港澳台企业、外资企业分别进行回归(见表6-8)。结果显示,除国有企业、民营企业组别中财政激励对企业创新绩效提升产生了正向显著影响外,其他组别中这一影响均不显著。同时,民营企业组别中财政激励的系数及显著性均高于国有企业。表明,相比于国有企业,科技创新激励在民营企业中能够发挥更大的创新绩效提升作用。这与杨洋等(2015)的研究结论一致:财政激励对民营企业创新绩效的正向促进作用更大。同时,Wei等(2018)学者也指出,虽然国有企业能够获得更多的财政激励,但私营企业的创新产出更高。由于性质特殊以及国家宏观政策的支持,国有企业进行创新的积极性要高于民营企业,而民营企业相比而言在融资、技术等方面面临着阻碍,财政激励更能够明显地促进其进行创新投入。民营经营为我国贡献了70%以上的技术创新成果,是重要的创新主体。加大对民营企业的创新政策扶持,特别是财政资金的扶持,有利于激活其创新活力,提升其创新绩效水平。

表6-8 不同所有制企业的财政激励与创新绩效

	专利总数			
	国有企业	民营企业	中国港澳台企业	外资企业
科技创新激励总额	0.1000**	0.1350***	0.1210	0.1020
	(0.0495)	(0.0267)	(0.1390)	(0.0790)
研发支出	0.2010***	0.1710***	0.1060***	0.1340**
	(0.0236)	(0.0111)	(0.0252)	(0.0588)
资本劳动比	0.0025	0.0195	0.0677*	0.1380
	(0.0546)	(0.0133)	(0.0348)	(0.1160)
规模	0.1570***	0.0866***	0.1610***	0.1560**
	(0.0477)	(0.0238)	(0.0528)	(0.0730)

续表

	专利总数			
	国有企业	民营企业	中国港澳台企业	外资企业
工资水平	0.0239	-0.0430**	-0.0048	-0.5890***
	(0.0614)	(0.0192)	(0.0501)	(0.2170)
技术水平	0.3430**	0.0675	0.1570	-0.2940
	(0.1420)	(0.0533)	(0.1160)	(0.2710)
地区	Yes	Yes	Yes	Yes
年份	Yes	Yes	Yes	Yes
行业	Yes	Yes	Yes	Yes
观测值	252	1248	276	93
R^2	0.7280	0.5270	0.4230	0.6850

注：括号内为使用行业固定效应聚类调整的标准误（cluster standard error），***、**和*分别表示在1%、5%和10%水平上显著。

表6-9列示了不同规模企业科技创新激励对于企业创新绩效的影响结果。分组回归结果表明，对于小型及中型企业而言，财政激励对企业专利数量的提升有着显著正向影响，而对于大型企业而言，这一影响并不显著。说明，财政激励在中小型企业中能够发挥更大的绩效提升作用。财政激励对于不同规模的企业发挥着异质性的作用。对于大型企业而言，其一般具备独立的科研机构和数量较大的科研人员，配套的财政激励有更大可能刺激其增加自身研发投入（Blank & Stigler, 1957），而规模较小的企业由于自身研发能力较弱，可能存在着自身研发投入较少而更多依赖财政激励的情况。相比大型企业，中小型企业面临较大的融资困境，且创新活动的风险性更大（孟艳，2015）。因而，财政激励对小型企业的研发投入起到了刺激作用，而对于大型企业的作用却相反（Lach, 2002），主要原因在于大型企业进行研发活动的自主性较强，受外部因素影响较小，而小型企业在缺乏外部刺激的情况下进行研发活动存在一些困难。因而，政府以科技创新激励形式为中小企业提供了资金支持，有利于促进各类社会资金聚焦科技型中小企业创新，在一定程度和范围内缓解了中小企业资金匮乏的困境，是政府支持中小型企业创新的重要政策措施之一。

表 6-9　不同规模企业的财政激励与创新绩效

	专利总数		
	小型企业	中型企业	大型企业
科技创新激励总额	0.1100***	0.1450**	0.2310
	(0.0311)	(0.0665)	(0.1780)
研发支出	0.1450***	0.1790***	0.2220**
	(0.0158)	(0.0332)	(0.1040)
资本劳动比	-8.38e-05	0.0526	0.1310
	(0.0180)	(0.0730)	(0.0855)
规模	0.1140***	-0.1320	-0.2800
	(0.0377)	(0.1780)	(0.2290)
工资水平	-0.0111	-0.1070	-0.3270**
	(0.0194)	(0.0879)	(0.1500)
技术水平	0.1240**	-0.07230	0.9850
	(0.0466)	(0.1730)	(0.7040)
国有企业	-0.0375	0.1950	-1.1700
	(0.0788)	(0.1970)	(1.0480)
中国港澳台企业	-0.2340*	-0.1460	-0.1660
	(0.1240)	(0.1080)	(0.6120)
外资企业	0.1700	-0.2940	-0.8430**
	(0.1570)	(0.1890)	(0.4020)
地区	Yes	Yes	Yes
年份	Yes	Yes	Yes
行业	Yes	Yes	Yes
观测值	1266	423	174
R^2	0.4810	0.5980	0.7590

注：括号内为使用行业固定效应聚类调整的标准误（cluster standard error），***、** 和 * 分别表示在1%、5%和10%水平上显著。

不同出口类型企业财政激励对于企业创新绩效的影响结果如表 6-10 所示。分组结果显示，对于一般贸易及非出口型企业而言，科技创新激励对其创新绩效的提升有着显著正向影响，且均通过了 5% 的显著性水平检验。而对于加工贸易企业，这一影响并不显著。这说明，科技创新激励在一般贸易及非出口型企业中能够发挥更大的创新绩效促进作用。一般而言，加工贸易企业主要依靠廉价劳动力、土地厂房等简单的物化要素从事全球价值链中的加工、组装等低端环节，大多为贴牌生产，缺乏自主品牌并疏于研发，转型升级步伐较为缓慢（高翔等，2018；尹华等，2018）。因而，相比于其他类型企业，科技创新激励对于加工贸易企业创新绩效提升的作用并不明显。

表6-10　　　　　不同出口类型企业的财政激励与创新绩效

	专利总数		
	一般贸易	加工贸易	非出口
科技创新激励总额	0.2090**	-0.1920	0.1340***
	(0.0909)	(0.2690)	(0.0353)
研发支出	0.1860***	0.1420***	0.1420***
	(0.0416)	(0.0281)	(0.0158)
资本劳动比	0.1160*	-0.0422	-0.0090
	(0.0591)	(0.0401)	(0.0283)
规模	0.1420*	0.1710*	0.0613*
	(0.0748)	(0.0973)	(0.0328)
工资水平	-0.0336	-0.0696	-0.0114
	(0.0713)	(0.0626)	(0.0249)
技术水平	0.1970	0.2620	0.1830**
	(0.1750)	(0.2770)	(0.0693)
国有企业	-0.2180	-0.5490	0.0396
	(0.3930)	(0.4620)	(0.0741)
中国港澳台企业	-0.1270	-1.0540**	-0.1980*
	(0.3180)	(0.4880)	(0.1160)
外资企业	-0.3070	-0.9960	-0.2030
	(0.3480)	(0.7060)	(0.2530)
地区	Yes	Yes	Yes
年份	Yes	Yes	Yes
行业	Yes	Yes	Yes
观测值	405	246	1209
R^2	0.7050	0.6770	0.5230

注：括号内为使用行业固定效应聚类调整的标准误（cluster standard error），***、**和*分别表示在1%、5%和10%水平上显著。

考虑到不同行业研发投资的溢出程度不同,企业自身从研发投入中获取的收益程度不同,本节还将具体分析科技创新激励对于不同行业企业创新绩效的影响。从表 6-11 的回归结果中可以看到,对于电子设备行业、皮革与纺织行业、金属行业、非金属行业及机械设备制造行业,科技创新激励对于企业的创新水平具有正向显著影响。而对于食品行业、化工行业,财政激励并未表现出对企业创新绩效的显著促进作用,表明这一类行业企业的创新产出对于财政激励的依赖性较低。总体来说,科技创新激励对于大部分行业的企业均产生了绩效提升作用,特别是对于电子设备行业这一新兴行业产生了显著影响,可见,科技创新激励的政策效果得到了较好的发挥。

表 6-11　　　　　　　　不同行业企业的财政激励与创新绩效

	专利总数						
	食品	皮革与纺织	化工	非金属	金属	机械设备制造	电子设备
科技创新激励总额	0.0714	0.1930***	0.0040	0.1740***	0.4260***	0.0948**	0.2860***
	(0.0442)	(0.0736)	(0.0905)	(0.0518)	(0.0683)	(0.0403)	(0.0647)
研发支出	0.1360***	0.0741***	0.2930***	0.1190***	0.2080***	0.1600***	0.1620***
	(0.0164)	(0.0168)	(0.0385)	(0.0242)	(0.0235)	(0.0174)	(0.0273)
资本劳动比	0.1140***	0.0552***	-0.1190*	-0.0553*	-0.1200***	0.0944***	0.0320
	(0.0385)	(0.0162)	(0.0684)	(0.0321)	(0.0478)	(0.0346)	(0.0441)
规模	0.0988**	-0.0075	0.0003	0.0960**	0.2030***	0.1590***	0.2550***
	(0.0403)	(0.0173)	(0.0838)	(0.0394)	(0.0602)	(0.0363)	(0.0750)
工资水平	-0.1040***	-0.0071	0.2470**	0.0152	0.1180*	-0.0731	-0.0473
	(0.0375)	(0.0212)	(0.1010)	(0.0315)	(0.0633)	(0.0460)	(0.0845)
技术水平	0.4310***	0.1300**	0.6680**	0.1610*	0.3690**	-0.0290	0.1160
	(0.1290)	(0.0542)	(0.2680)	(0.0967)	(0.1620)	(0.1000)	(0.1470)
国有企业	0.3330**	-0.2390**	-0.3620	-0.1750*	-0.1420	0.2520**	-0.0058
	(0.1500)	(0.0985)	(0.2990)	(0.1010)	(0.1500)	(0.1150)	(0.268)
中国港澳台企业	-0.5990**	-0.0558	-0.6710	0.2250	0.3850	-0.8060***	-0.7950***
	(0.2470)	(0.0546)	(0.5670)	(0.2690)	(0.2840)	(0.1500)	(0.2310)
外资企业	-0.8520***	-0.1190	-1.5100***	0.1220	0.4930***	-0.4690**	-0.6440**
	(0.2030)	(0.1410)	(0.5110)	(0.2720)	(0.1590)	(0.2000)	(0.2650)

续表

	专利总数						
	食品	皮革与纺织	化工	非金属	金属	机械设备制造	电子设备
地区	Yes	Yes	Yes	Yes	Yes	Yes	Yes
年份	Yes	Yes	Yes	Yes	Yes	Yes	Yes
行业	Yes	Yes	Yes	Yes	Yes	Yes	Yes
观测值	189	369	102	258	195	249	312
R^2	0.7210	0.3650	0.8380	0.7060	0.7440	0.7430	0.5370

注：括号内为稳健标准误（Robust Std. Error）；***、** 和 * 分别表示在1%、5%和10%水平上显著。

第三节 稳健性检验

为增加估计结果的可靠性和可行性，本书同样将对基本回归结果进行稳健性检验。由于一方面财政激励会对企业创新产出产生影响，另一方面政府倾向于对创新产出更高的企业进行激励，从而企业的创新产出也关系到是否能获得财政激励以及获得的财政激励金额的多少。为解决实证分析中可能存在的内生性和自选择的问题，本书主要采用两种方式进行解决：第一，对于内生性问题使用工具变量进行克服。IV 方法主要解决财政激励与企业创新绩效之间的内生性问题。第二，采用倾向得分匹配（PSM）解决企业申请财政激励时的自选择问题。

（一）工具变量

本书选取本行业除本企业外的平均科技创新激励金额作为科技创新激励的工具变量。表6-12第（1）列报告了2SLS的估计结果。在使用工具变量进行两阶段最小二乘法（2SLS）估计时，首先用弱工具变量检验来判断工具变量的有效性。结果显示，第一阶段回归检验的F值为46.18，大于10，且在1%的显著性水平上显著，表明不存在弱工具变量问题。在控制了解释变量的内生性之后，科技创新激励仍然在1%的显著性水平上影响企业创新绩效，且系数与基本回归结果保持一致。其余控制变量的系数符号与预期相符。说明财政激励对企业创新绩效的影响是十分稳健的,即使考虑到内生性问题,依然如此。本书同时使用了对弱工具变量更不敏感的有限信息最大似然法(LIML),其结果如表 6-12 中第(2)列所示,对比发现,各变量系数没有变化,从而验证了所得结论的稳健性和合理性。

表 6-12　　　　　　财政激励与创新绩效:工具变量法

	专利总数	
	2SLS	LIML
科技创新激励总额	0.2290***	0.229***
	(0.0584)	(0.0584)
研发支出	0.1630***	0.1630***
	(0.0154)	(0.0154)
资本劳动比	0.0246	0.0246
	(0.0197)	(0.0197)
规模	0.0950***	0.0950***
	(0.0274)	(0.0274)
工资水平	-0.0258	-0.0258
	(0.0271)	(0.0271)
技术水平(0—1)	0.1600**	0.1600**
	(0.0740)	(0.0740)
国有企业(0—1)	0.0515	0.0515
	(0.0919)	(0.0919)
中国港澳台企业(0—1)	-0.2250*	-0.2250*
	(0.1220)	(0.1220)
外资企业(0—1)	-0.1950	-0.1950
	(0.1320)	(0.1320)
地区	Yes	Yes
年份	Yes	Yes
行业	Yes	Yes
观测值	1869	1869
R^2	0.5370	0.5370

注:括号内为使用行业固定效应聚类调整的标准误(cluster standard error),***、**和*分别表示在1%、5%和10%水平上显著。

(二) 倾向得分匹配

本节以是否获得科技创新激励（0—1 变量）为因变量，对企业受到政府政策干预的概率进行估计。解释变量涵盖了前文所涉及的主要变量。同时，为尽量减少遗漏变量对倾向指数估计的干扰，Logitech 估计过程还引入了企业所在行业、地区和时间的固定效应。表 6-13 回归结果显示，企业研发投入、企业规模对于企业获得财政激励的正向影响在 1% 的水平上显著，企业技术水平对于企业获得科技创新激励的负向影响在 10% 的水平上显著。在其他因素不变的前提下，研发投入大的企业、大型企业更容易获得财政激励。

表 6-13　　　　倾向得分的 Logit 估计结果：企业创新绩效

变量含义	系数	标准误	P 值	边际影响
企业研发投入	0.209***	0.040	0.000	0.023
企业资本劳动比	0.127	0.092	0.167	0.014
企业规模	0.520***	0.094	0.000	0.057
企业工资水平	-0.129	0.111	0.245	-0.014
企业技术水平	-0.428*	0.244	0.080	-0.047
国有企业	0.220	0.268	0.412	0.025
中国港澳台企业	-0.508	0.504	0.313	-0.051
外资企业	-0.776	0.664	0.243	-0.074
Log Likelihood = -410.562			LR chi2 (45) = 294.10	
Prob > chi2 = 0.0000			Pseudo R^2 = 0.2897	

注：边际影响对虚拟变量而言是指从 0 到 1 的离散变化，*** 和 * 分别表示在 1% 和 10% 水平上显著。

同时，本节运用倾向得分匹配（PSM）的识别方法，实证检验是否获得科技创新激励对于企业创新绩效的因果效应。同上几章分析一致，本节将重点采用常用的三种方法进行实证检验。表 6-14 具体给出了 $n=4$ 的 K 近邻匹配、默认半径的卡尺匹配，以及 $n=4$ 且默认半径的卡尺近邻匹配的检验结果。结果表明，在充分考虑到样本选择性偏误等问题的情况下，获得财政激励将对企业创新绩效具有显著的正向因果关系。匹配前，参与者平均处理效应（ATT）均在 1% 的显著性水平上显著；匹配后，参与者平均处理效应均在1%的显著性水平上显著。

表6-14　　　　　　财政激励与创新绩效：倾向得分匹配

匹配方法	统计指标	影响系数	专利总数		统计量
			获得科技创新激励	未获得科技创新激励	
K近邻匹配法	匹配前	ATT	0.923	1.386	0.462	12.45***
(n=4)	匹配后	ATT	0.428	1.321	0.892	3.18***
卡尺匹配法	匹配前	ATT	0.923	1.386	0.463	12.45***
(r=0.027)	匹配后	ATT	0.393	1.311	0.917	3.17***
卡尺k近邻匹配	匹配前	ATT	0.923	1.386	0.463	12.45***
(n=4, r=0.027)	匹配后	ATT	0.383	1.311	0.928	2.75***

注："匹配前"指未实施PSM的样本，"匹配后"指进行PSM匹配后的样本，***、**和*分别表示在1%、5%和10%水平上显著。

第四节　本章小结

在一系列基准回归和稳健性检验后，本书发现财政激励显著正向影响着企业的创新绩效。然而，这种创新绩效的提升主要体现在专利总数以及非发明专利数量上，对发明专利数的提升效果并不明显。说明在财政激励的刺激下，企业专利数量的提升更多是非发明专利而不是发明专利。对于国外专利数，科技创新对于其影响虽系数较小但显著为负。说明财政激励对于企业专利的促进作用更多体现在推动企业国内专利数量提升上，在某种程度上抑制了质量更高的国外专利的获得。是否获得科技创新激励对于企业新产品销售额、新产品销售比例均有显著正向影响，而科技创新激励总额对于企业新产品销售的影响并不显著，说明获得财政激励对于企业新产品销售产生了提升作用，而后期财政激励金额的增加并未对企业新产品销售产生显著作用。从财政激励分项来看，高新技术激励对于专利总数、新产品销售比例都有显著正向影响；技改资金对于专利总数、新产品销售比例均有正向影响，但并不显著。此外，环保项目激励、新能源项目激励对于企业创新绩效并没有发挥明显的促进作用。可能的原因是，政府环保项目激励、新能源项目激励对于企业有明确的设备购买、排放减少等方面的硬性要求，对于企业专利、新产品的提升作用并不显著。

从分位数回归结果来看，财政激励对于中、高创新绩效水平企业的促进作用，将随着创新绩效的提升而减弱。相较于本身已经具备较强创新能力的企业来说，财政激励对低创新水平企业的促进作用更强。从企业特征来看，相较于国有企业、外资企业，财政激励对于民营企业能够发挥更大的创新绩效提升作用；财政激励对于中型企业、小型企业创新绩效的提升有着显著正向影响，对于大型企业而言这一影响并不显著，说明财政激励在中小型企业中能够发挥更大的绩效促进作用；从出口类型来看，财政激励在一般贸易及非出口型企业中能够发挥更大的创新促进作用；科技创新激励对于大部分行业的企业均产生了绩效提升作用，特别是对于电子设备行业这一新兴行业产生了显著影响，可见，科技创新激励的政策效果得到了较好的发挥。

第七章

财政激励影响企业绩效的机制分析

以上章节表明财政激励对于企业绩效发挥了正向促进作用，那么这种正向促进作用发挥的条件是什么？如何才能最大限度地发挥财政激励的政策效果？针对以上问题，本章将重点介绍财政激励影响企业绩效的具体机制。通过理论分析对融资机制、投资机制及研发机制三大机制进行梳理，同时分别对这三大影响机制在财政激励影响企业绩效过程的中介作用进行实证分析，以得出财政激励发挥作用的具体途径。

第一节　影响企业财务绩效的机制分析

一、企业财务绩效影响机制分析

作为国家宏观调控经济的重要工具，政府政策会对企业投资及经营活动产生重大影响。一般而言，政府政策中的重要工具——财政激励影响企业财务绩效的途径主要分为以下两种：

一种是财政激励有助于缓解企业融资约束，有利于企业更好地进行融资活动。由于信息不对称的存在，外部投资者很难判断某家企业是否在投资上具有发展潜力，同时也难以通过监督机制来对这些投资行为进行有效约束，因而缺乏对这些企业进行投资的动力，使得企业获取外部融资存在较大困难（Colombo et al., 2013）。同时，在我国宏观调控背景下，政府主导着银行业的发展过程，也影响着银行信贷的偏好。因而，一方面政府可以通过各类财税政策为企业提供贷款服务，通过较低的贷款利率、较长的贷款周期等方式为企业改善融资条件（张纯、潘亮，2012）；另一方面基于"锦标赛"理论，获得政府产业扶持的企业释放出较为强烈的信用担保信号，进而降低获得银行贷款及商业信用的难度（陈冬华等，2010）。此外，政府政策如财政激励、税收优惠等措施会通过扩大企业融资来源，改善企业融资的外部环境，从而减轻企业进行投资所经受的融资约束压力（姜国华、饶品贵，2011）。

另一种是财政激励有利于促进企业进行经营有关投资。在我国财政分权的体制下，地方政府倾向于通过各类政策扶持企业发展，以提升地方经济发展水平。随着市场竞争和地方竞争程度的加剧，地方政府对于企业经营的干预程度也在不断加深，一方面通过提供财政激励吸引外地资本流入，另一方面加大对本地企业的财政激励，提升企业竞争力水平。接受财政激励后，企业将这部分财政资金合理应用于生产和经营则可以提升企业财务绩效，特别是对于处于发展瓶颈期、存在财务困境的企业，这部分财政激励为企业带来了经营现金流的改善，一定程度上有利于提升其资本和投资水平，短期内可以带来绩效水平的提升（潘越等，2009）。我国实行的是与政治集权伴生的财政分权，使得政府官员处于一种"晋升锦标赛"中（周黎安，2004），刺激政府更多进行财政激励以推进本地经济绩效提升。在这样的过程中，微观企业主体的投资环境和投资行为受到较大影响（姜国华、饶品贵，2011）。企业投资环境的改善与投资支出的增加，除依靠财政激励改善融资环境外，更为重要的是，通过财政激励加大投资行为。各国政府均倾向于通过财政激励等"利益诱导"的方式引导和鼓励企业进行投资，刺激企业更多的进行生产性投资（王凤翔、陈柳钦，2006）。因而，财政激励越多，企业所进行的投资越多（王克敏等，2017），从而投入产出效率越高。财政激励一方面可以刺激企业进行生产有关的投资，另一方面为企业投资创造了良好的外部环境，增强了企业进行投资的信心。

二、对企业财务绩效的影响机制检验

（一）中介效应模型设定

根据以上财政激励影响企业财务绩效的机制分析，本书构建如下中介效应检验模型：

$$\ln y_{it} = \alpha_{11} + \beta_{11} subsid\, y_{it} + \mu X_{it} + D_i + I_i + T_i + \varepsilon_{11} \qquad (7-1)$$

$$\ln I_{it} = \alpha_{12} + \beta_{12} subsid\, y_{it} + \varphi X_{it} + D_i + I_i + T_i + \varepsilon_{11} \qquad (7-2)$$

$$\ln y_{it} = \alpha_{13} + \beta_{13} subsid\, y_{it} + \rho_{13} \ln I_{it} + D_i + I_i + T_i + \varepsilon_{11} \qquad (7-3)$$

式中，β_{11}代表财政激励 subsid y_{it}对企业财务绩效y_{it}影响的总效应；β_{12}代表财政激励 subsid y_{it}对中介变量I_{it}的影响，这里中介变量以投资能力、融资能力作为代理变量，其中投资能力以企业年固定资产投入表示，借鉴刘春红、张文君（2013）的做法，选择企业经营活动产生的现金流作为融资能力的代理变量；ρ_{13}代表中介变量I_{it}对企业财务绩效y_{it}的影响。按照温忠麟、叶宝娟（2014）的做法，当β_{12}以及ρ_{13}均显著或者联合显著时，表示中介效应显著，也即存在中介效应。中介效应为β_{12}与ρ_{13}的乘积，直接效应为β_{13}，因而中介效应的占比为$\beta_{12}\rho_{13}/(\beta_{12}\rho_{13}+\beta_{13})$。

（二）中介效应实证检验

针对以上分析，本书主要通过中介效应模型来检验这两种影响机制在财政激励影响企业财务绩效中的作用。首先，本书主要采用逐步检验法中的第一步来检验财政激励对于企业财务绩效的影响，主要结果见表7-1中第2列所示。回归结果表明，财政激励对于企业总资产收益率有着显著正向影响，这符合逐步检验法中对于系数 c 显著性的要求。其次，本书针对财政激励对于企业投资能力、融资能力的影响进行实证检验，若财政激励显著影响了企业的融资以及投资行为，则表明可能存在中介效应，能够继续进行下一步检验。结果如表7-1中第3、4列所示，可以看到财政激励对于企业融资、企业投资行为均产生了显著的正向影响，可以进行下一步的检验工作。再次，本书进行检验过程中的第三步，即检验同时加入主解释变量、中介变量投资能力、融资能力时，回归系数显著性的变化。检验结果如表7-1中最后两列所示，在加入投资能力这一机制后，财政激励对于企业财务绩效具有显著影响，但这一影响效果有所下降，由5%的显著性水平降为10%的显著性水平。由于这一变量仍然显著但却相较于之前的系数显著性明显下降，表明投资能力起到了部分的中介效应作用。财政激励通过企业投资能力影响企业财务绩效的中介效应为0.0002，占总效应的比重为10.09%。因而，可以判断，财政激励影响企业财务绩效，有可能是通过刺激企业加大投资行为进行的。

由于同时加入融资能力、财政激励后，融资能力的系数（-0.0009）不显著，本书按照温忠麟、叶宝娟（2014）的做法来判断联合显著性，以

表 7-1　财政激励与影响企业财务绩效的机制分析（全样本）

	被解释变量				
	总资产收益率	投资能力	融资能力	总资产收益率	总资产收益率
财政激励总额	0.0022**	0.1370***	0.2680***	0.0021*	0.0029***
	(0.0011)	(0.0364)	(0.0550)	(0.0011)	(0.0011)
投资能力				0.0017*	
				(0.0010)	
融资能力					-0.0009
					(0.0007)
资本劳动比	-0.0064***	0.5650***	0.2630***	-0.0074***	-0.0049***
	(0.0018)	(0.0719)	(0.0700)	(0.0019)	(0.0017)
规模	-0.0673	0.9550***	0.3680***	-0.0027	-0.0026
	(0.1900)	(0.0649)	(0.0742)	(0.0022)	(0.0018)
工资水平	0.0138***	-0.0147	0.1320	0.0137***	0.0137***
	(0.0025)	(0.0561)	(0.0806)	(0.0025)	(0.0025)
技术水平	0.0058	0.5330***	0.1060	0.0045	0.0085*
	(0.0046)	(0.1760)	(0.2470)	(0.0046)	(0.0044)
国有企业	-0.0212***	-0.5020**	-0.6460*	-0.0198***	-0.0296***
	(0.0062)	(0.2190)	(0.3630)	(0.0061)	(0.0063)
中国港澳台企业	-0.0117*	-0.3440*	-1.1600***	-0.0118*	-0.0082
	(0.0069)	(0.1950)	(0.2260)	(0.0069)	(0.0068)
外资企业	0.0068	-0.3350	-1.4540***	0.0089	0.0129
	(0.0093)	(0.2070)	(0.2260)	(0.0093)	(0.0097)
地区	Yes	Yes	Yes	Yes	Yes
年份	Yes	Yes	Yes	Yes	Yes
行业	Yes	Yes	Yes	Yes	Yes
观测值	1992	2436	2373	1953	1920
R^2	0.0990	0.4700	0.2110	0.1040	0.0740

注：括号内为使用行业固定效应聚类调整的标准误（cluster standard error），***、**和*分别表示在1%、5%和10%水平上显著。

判断融资能力是否为影响企业财务绩效的中介变量。本书采用 Bootstrap 法进行检验，结果发现间接效应并不显著（此处略去检验结果），表明融资的中介效应可能不存在，融资能力在促进企业财务绩效提升中的作用并未得到充分发挥。财政激励对企业融资的信号机制的建立是一个长期的过程，其对于财务绩效的影响可能存在着滞后，因而这一类中介效应的作用发挥还需经历一个较长的过程。

根据以上分析，财政激励可以通过投资能力这一传导机制提升企业的财务绩效，且这一机制的效果占到了总效应的10%左右，那么对于不同样本组这一效果是否一致呢？本书还对样本进行分组，以区分不同样本组投资能力促进企业总资产收益率提升的力度。表7-2为区分高、低投资能力组别的中介效应回归结果。在高投资能力的组别中，同时加入财政激励、企业投资能力时，相关回归系数均在1%的显著性水平上显著，且计算出来的中介效应由上述全样本回归中的10.09%上升至15.82%，说明在投资活跃的企业中，投资能力可以发挥更大的财务绩效促进作用。在低投资能力组中，主解释变量财政激励、中介变量投资能力的系数均变得不显著，表明中介效应可能不存在。以上分样本回归结果表明，投资能力只有在投资活跃的企业才能有效发挥其中介作用，在投资消极的企业，投资能力与财务绩效的关联度较弱。政府为企业提供的财政补助资金，只有在企业积极进行内在投资活动时，才能充分发挥其绩效提升作用。

表7-2　　财政激励、投资能力与财务绩效（分样本）

		被解释变量		
		总资产收益率	投资能力	总资产收益率
高投资能力 $N=978$	财政激励总额	0.0032**	0.0689***	0.0027*
		(0.0012)	(0.0191)	(0.0014)
	投资能力			0.0073***
				(0.0023)
	控制变量	Yes	Yes	Yes
	R^2	0.1440	0.4900	0.1530
低投资能力 $N=897$	财政激励总额	0.0008	0.0430	0.0008
		(0.0025)	(0.0380)	(0.0025)
	投资能力			0.0009
				(0.0022)
	控制变量	Yes	Yes	Yes
	R^2	0.1690	0.3040	0.1690

注：括号内为使用行业固定效应聚类调整的标准误（cluster standard error），***、**和*分别表示在1%、5%和10%水平上显著。

第二节　影响企业生产率绩效的机制分析

一、企业生产率绩效影响机制分析

财政激励对于企业生产率的影响主要是通过以下两个途径进行的：

一种是财政激励刺激企业更多进行技术提升（如购买机器设备、数控机器、设备更新等），促进企业进行投资。在发展中国家，政府给予企业财政激励资金被认为是促进投资和经济增长、调整产业结构的重要方式。其主要的原因在于财政激励在某种程度上能够促进企业投资规模扩大，通过规模效益提升企业生产率。面对财政政策的刺激，被鼓励的企业更倾向于扩大资本投资规模（黎文靖、李耀淘，2014）。政府通过对有正外部收益的企业进行激励，可以减轻正外部性所造成的效率损失，将社会收益进行内化处理（桑瑜，2018）。政府对企业的生产活动进行激励，对企业进行相应配套的资金投入提出了要求，因而财政激励起到了"激励效应"（Hussinger，2008；González & Pazó，2008；王遂昆、郝继伟，2014）。随着政府增加对企业的财政激励投入，从资金和政策层面引导企业不断关注未来的长远发展与长久利益，促使企业更多进行生产性投入，一方面进行更多的生产投入，另一方面加大对配套资金（如固定资产投资上的资金）投入，为技术效率的提升提供良好的物质基础。

另一种是财政激励通过促进企业增加研发投入提升企业生产率水平。研发投入作为一种知识存量积累的方式，通过改变企业要素投入比例以及资源配置效率，对企业全要素生产率、劳动生产率起到提升作用（王薇、艾华，2018）。政府通过财政激励鼓励和支持企业提高研发投入强度，降低企业研发成本，从而推动企业长期发展（魏志华等，2015）。同时，财政激励提供了企业进行研发活动的资金，使得企业研发活动占用的经营活动的资金有所缓解，从而增加了企业经营活动的现金流，有助于企业生产率水平的改善（胡健、董春诗，2012），尤其对于民营企业的技术创新更是如此（余明桂等，2016）。财政激励可以推进具有更大经营风险以及更高技术人员比例的企业进行更多的研发投资，从而推动企业绩效的改善（谭劲松等，2017）。当企业将财政激励资金投入到技术创新中时，可以通过研发创新能力的提高改善自身的生产率绩效（Girma et al.，2007）。

二、对企业生产率绩效的影响机制检验

（一）中介效应模型设定

根据以上财政激励影响企业生产率绩效的机制分析，本书构建如下中介效应检验模型：

$$\ln tfp_{it} = \alpha_{21} + \beta_{21} subsidy_{it} + \mu X_{it} + D_i + I_i + T_i + \varepsilon_{it} \quad (7-4)$$

$$\ln M_{it} = \alpha_{22} + \beta_{22} subsidy_{it} + \varphi X_{it} + D_i + I_i + T_i + \varepsilon_{it} \quad (7-5)$$

$$\ln tfp_{it} = \alpha_{23} + \beta_{23} subsidy_{it} + \rho_{23} \ln M_{it} + \zeta X_{it} + D_i + I_i + T_i + \varepsilon_{it} \quad (7-6)$$

式中，β_{21}代表财政激励$subsidy_{it}$对企业生产率绩效tfp_{it}影响的总效应；β_{22}代表财政激励$subsidy_{it}$对中介变量N_{it}的影响，这里中介变量以投资能力、研发投入作为代理变量，其中投资能力以企业年固定资产投入表示，研发投入以企业年均研发支出表示；ρ_{23}代表中介变量M_{it}对企业生产率绩效tfp_{it}的影响。按照温忠麟、叶宝娟（2014）的做法，当β_{22}以及ρ_{23}均显著或者联合显著时，表示中介效应显著，也即存在中介效应。中介效应为β_{22}与ρ_{23}的乘积，直接效应为β_{23}，因而中介效应的占比为$\beta_{22}\rho_{23}/(\beta_{22}\rho_{23}+\beta_{23})$。

（二）中介效应实证检验

针对以上机制分析，本书通过中介效应模型来检验这两种影响机制在财政激励影响企业生产率绩效中的作用，基本中介效应回归结果如表7-3所示。按照逐步检验法的检验方法，本书发现财政激励分别在5%、1%的显著性水平上显著影响着企业投资能力、研发投入，表明可能存在中介效应。进一步加入主解释变量财政激励总额后，投资能力、研发投入的系数仍然分别在5%、1%的显著性水平上显著为正，表明投资能力、研发投入的中介效应确实存在。财政激励对于企业生产率绩效的显著性，在加入投

资能力这一机制后，仍然有显著正向影响，但这一影响效果有所下降，由 5% 的显著性水平降为 10% 的显著性水平。由于这一变量仍然显著但却相比于之前的系数显著性明显下降，表明投资能力以及研发投入起到了部分的中介效应作用。

表 7-3　财政激励与影响企业生产率绩效的机制分析（全样本）

	被解释变量				
	全要素生产率	投资能力	研发投入	全要素生产率	全要素生产率
财政激励总额	0.0428**	0.1130**	0.2970***	0.0545*	0.0465*
	(0.0184)	(0.0446)	(0.0714)	(0.0209)	(0.0272)
投资能力				0.0496**	
				(0.0202)	
研发投入					0.0447***
					(0.0139)
资本劳动比	0.0567*	0.5380***	0.3610***	0.0529	0.0773*
	(0.0334)	(0.0402)	(0.0626)	(0.0391)	(0.0405)
规模	0.2850***	0.8450***	0.8710***	0.2130***	0.2050***
	(0.0254)	(0.0772)	(0.0807)	(0.0352)	(0.0359)
工资水平	0.4350***	0.0362	0.1220	0.4250***	0.4250***
	(0.0295)	(0.0754)	(0.0989)	(0.0256)	(0.0304)
技术水平	0.0115	0.4900***	0.4290*	-0.0623	-0.0857
	(0.0551)	(0.1580)	(0.2290)	(0.0559)	(0.0564)
国有企业	0.0846	-0.0759	0.2950	0.0276	-0.0035
	(0.0764)	(0.1980)	(0.3220)	(0.0768)	(0.0775)
中国港澳台企业	-0.0141	-0.603**	-0.9780***	0.1130	0.0746
	(0.0803)	(0.264)	(0.3090)	(0.0747)	(0.0918)
外资企业	0.4340***	-0.0512	-1.7700***	0.4770***	0.6240***
	(0.1170)	(0.3790)	(0.3210)	(0.1080)	(0.1450)
地区	Yes	Yes	Yes	Yes	Yes
年份	Yes	Yes	Yes	Yes	Yes
行业	Yes	Yes	Yes	Yes	Yes
观测值	2283	2343	2184	2139	1806
R^2	0.4500	0.5250	0.4320	0.4550	0.4520

注：括号内为使用行业固定效应聚类调整的标准误（cluster standard error），***、**和*分别表示在 1%、5% 和 10% 水平上显著。

经计算可得，财政激励通过企业投资能力影响企业生产率绩效的中介效应为 0.0056，占总效应的比重为 9.32%。财政激励通过研发投入影响企业生产率绩效的中介效应为 0.0133，占总效应的比重为 22.21%，高出投资能力的比重。因而，可以判断，财政激励影响企业生产率绩效，是通过刺激企业加大投资以及研发行为进行的。相较于投资能力，研发投入这一机制发挥了更为重要的中介效应作用，对于企业全要素生产率的提升起到了重要作用。

同样的，本书按投资能力、研发投入高低对样本进行分组，以区分不同样本组投资及研发促进企业全要素生产率提升的力度。表 7-4 为区分高、低研发投入组别的中介效应回归结果。在高研发投入的组别中，同时加入财政激励、企业研发投入时，相关回归系数均在 1% 的显著性水平上显著，且计算出来的中介效应由上述全样本回归中的 22.21% 上升至 37.42%，说明在研发活跃的企业中，研发投入可以发挥更大的全要素生产率促进作用。在低研发投入组中，加入主解释变量前后，中介变量研发投入的系数变得均不显著，表明中介效应可能不存在。以上分样本回归结果表明，研发投入只有在研发活跃的企业才能有效发挥其中介作用，在研发消极的企业，研发投入与全要素生产率的关联度较弱。只有在企业积极进行内在研发活动时，财政激励才能充分发挥其全要素生产率提升作用。

表 7-4　　财政激励、研发投入与生产率绩效（分样本）

		被解释变量		
		全要素生产率	研发投入	全要素生产率
高研发投入 $N=1065$	财政激励总额	0.0365***	0.1380***	0.0250*
		(0.0113)	(0.0230)	(0.0125)
	研发投入			0.0650***
				(0.0135)
	控制变量	Yes	Yes	Yes
	R^2	0.4260	0.6490	0.5090
低研发投入 $N=1074$	财政激励总额	0.0828***	0.0182	0.0457**
		(0.0218)	(0.0113)	(0.0206)
	研发投入			0.0394
				(0.0530)
	控制变量	Yes	Yes	Yes
	R^2	0.4170	0.2340	0.5040

注：括号内为使用行业固定效应聚类调整的标准误（cluster standard error），***、**和*分别表示在 1%、5% 和 10% 水平上显著。

表 7-5 为区分高、低投资能力组别的中介效应回归结果。在高投资能力的组别中，同时加入财政激励、企业投资能力时，相关回归系数分别在 1%、5% 的显著性水平上显著，且计算出来的中介效应由上述全样本回归中的 9.32% 上升至 13.18%，说明在投资活跃的企业中，投资能力可以发挥更大的全要素生产率促进作用。在低投资能力组中，加入主解释变量前后，中介变量投资能力的系数变得均不显著，表明中介效应可能不存在。以上分样本回归结果表明，投资能力只有在投资活跃的企业才能有效发挥其中介作用，在投资消极的企业，投资能力与全要素生产率的关联度较弱。只有在企业积极进行内在投资活动时，财政激励才能充分发挥其全要素生产率提升作用。

表 7-5　财政激励、投资能力与生产率绩效（分样本）

		被解释变量		
		全要素生产率	投资能力	全要素生产率
高投资能力 $N=1062$	财政激励总额	0.0369***	0.0689***	0.0329**
		(0.0133)	(0.0191)	(0.0139)
	投资能力			0.0725**
				(0.0294)
	控制变量	Yes	Yes	Yes
	R^2	0.4810	0.4900	0.4870
低投资能力 $N=1212$	财政激励总额	0.0836***	0.0430	0.0808***
		(0.0187)	(0.0380)	(0.0201)
	投资能力			-0.0282
				(0.0180)
	控制变量	Yes	Yes	Yes
	R^2	0.4290	0.3040	0.5140

注：括号内为使用行业固定效应聚类调整的标准误（cluster standard error），***、** 和 * 分别表示在 1%、5% 和 10% 水平上显著。

第三节 影响企业创新绩效的机制分析

一、企业创新绩效影响机制分析

由于研发投资具有风险高、周期长、外部性明显等特征,导致企业研发投入不足,进而产生"市场失灵"问题(Holmstrom,1989;Hall,2002b)。因而,需要政府利用"有形之手"干预市场以弥补其缺陷(Cappelen et al.,2008)。已有文献将财政激励对企业创新绩效的影响机制分为以下两类,本节将重点检验这两种影响机制的作用。

一种是形成信号机制,增加企业银行借贷以缓解其融资约束。Penede(2008)指出,获得融资工具的必要能力、分配资源的内在动力是影响企业创新投资决策的两大要素,因而融资约束是影响企业进行创新的重要因素。由于企业创新具有低抵押、高风险等特点,企业特别是民营企业的创新活动很难得到银行信贷的支持和帮助(黎文靖、李耀淘,2014;Cornaggia et al.,2015)。政府政策通过财政激励、税收优惠等方式,通过改变经济环境预期、资本环境、信息环境等来改善企业创新投资的金融环境,减轻企业融资约束压力,激励企业进行研发高投入与创新(康志勇,2013;成力为等,2017;杨蓉等,2018)。Narayanan 等(2000)认为与政府机构有关的行动,如批准新产品、授予专利权或给予财政激励,可以作为向其他投资者发出的信息信号。Takalo 和 Tanayama(2010)提供了一个理论模型,他们指出公共研发财政激励可能会向市场融资者发出积极信号,降低外部投资成本。根据经验,Lerner(1999)研究发现,研发奖励提供了企业质量和企业项目技术优势的积极信号,从而缓解了资本市场的缺陷,有助于吸引风险资本。他将资本市场不完善特别是信息不对称所导致的研发项目难以筹集资金作为绩效差异的主要来源。从而,财政激励可以帮助企业破除资金约束,引导企业进行专业型技术的攻克,进而推动企业创新能力提升（李左峰、张铭慎，2012；钟凯等，2016）。

另一种是财政激励刺激企业增加创新投入（如研发投入、人员投入等）。由于技术创新的外部性，企业的创新活动具有一定的外溢效应，从而存在被模仿的风险，这使得企业创新的意愿有所降低，需要政府制定各项扶持政策来进行激励（Rao，2016）。影响企业技术创新投入的因素之一为政府政策，政府通过财政激励、税收激励等方式，一方面激励一部分企业将财政激励投入到研发部门，提高企业创新的研发投入；另一方面将能有效提升企业技术创新预期收入，通过直接降低企业研发的成本来降低自身研发投入的风险性和不确定性（娄贺统、徐恬静，2008；杨洋等，2015）。同时，只有适量的财政激励才能刺激企业增加研发投入，政府过量的财政激励会造成企业挪用本应用于研发的资金用于其他用途，如政治迎合等寻租活动，从而挤占了企业原本的研发投入，不利于企业创新绩效提升（Lach，2002；杨晔等，2015）。

二、对企业创新绩效的影响机制检验

（一）中介效应模型设定

根据以上财政激励影响企业创新绩效的机制分析，本书构建如下中介效应检验模型：

$$\ln innovation_{it} = \alpha_{31} subsidy_{it} + \mu X_{it} + D_i + I_i + T_i + \varepsilon_{it} \quad (7-7)$$

$$\ln N_{it} = \alpha_{32} + \beta_{32} subsidy_{it} + \varphi X_{it} + D_i + I_i + T_i + \varepsilon_{it} \quad (7-8)$$

$$\ln innovation_{it} = \alpha_{33} + \beta_{33} subsidy_{it} + \rho_{33} \ln N_{it} + \zeta X_{it} + D_i + I_i + T_i + \varepsilon_{it} \quad (7-9)$$

式中，β_{31}代表财政激励$subsidy_{it}$对企业创新绩效$innovation_{it}$影响的总效应；β_{32}代表财政激励$subsidy_{it}$对中介变量N_{it}的影响，这里中介变量以融资能力、研发投入作为代理变量，其中融资能力以企业经营活动产生的现金流表示，由于基本回归模型中已经加入了研发支出这一变量，而研发人员投入量同样对专利数量和新产品研发数量有着显著正向影响（Smith & Thomas，2016），本书这里对于研发机制的检验主要使用研发人员投入这一变量进行表示；ρ_{33}代表中介变量N_{it}对企业创新绩效$innovation_{it}$的影响。

按照温忠麟、叶宝娟（2014）的做法，当 β_{32} 以及 ρ_{33} 均显著或者联合显著时，表示中介效应显著，也即存在中介效应。中介效应为 β_{32} 与 ρ_{33} 的乘积，直接效应为 β_{33}，因而中介效应的占比为 $\beta_{32}\rho_{33}/(\beta_{32}\rho_{33}+\beta_{33})$。

（二）中介效应实证检验

针对以上分析，本书主要通过中介效应模型来检验这两种影响机制在财政激励影响企业创新绩效的作用。首先，本书主要采用逐步检验法中的第一步来检验财政激励对于企业创新绩效的影响，主要结果如表7-6中第2列所示。回归结果表明，财政激励对于企业创新绩效有着显著正向影响，这符合逐步检验法中对于系数 c 显著性的要求。其次，本书针对财政激励对于企业融资能力、研发投入的影响进行实证检验，若财政激励显著影响了企业的融资以及研发行为，则表明可能存在中介效应，能够继续进行下一步检验。结果如表7-6中第3、4列所示，可以看到财政激励对于企业融资、企业研发等行为均产生了显著的正向影响，可以进行下一步的检验工作。最后，本书进行检验过程中的第三步，即检验同时加入主解释变量、中介变量融资能力、研发投入时，回归系数显著性的变化。检验结果如表7-6中最后两列所示，财政激励对于企业创新绩效的显著性，在加入研发投入这一机制后，财政激励对于企业创新绩效有显著影响，但这一影响效果有所下降，表明研发投入起到了部分的中介效应作用。财政激励通过企业研发投入影响企业创新绩效的中介效应为0.0271，占总效应的比重为18.67%。因而，可以判断，财政激励影响企业创新绩效，是通过刺激企业加大研发投入进行的。

表7-6　财政激励与影响企业创新绩效的机制分析（全样本）

	被解释变量				
	专利总数	融资能力	研发投入	专利总数	专利总数
科技创新激励总额	0.1600***	0.2800**	0.1830***	0.1400***	0.1180***
	(0.0366)	(0.1260)	(0.0462)	(0.0327)	(0.0357)
融资能力				0.0012	
				(0.0134)	
研发投入（人员）					0.1480***
					(0.0321)

续表

	被解释变量				
	专利总数	融资能力	研发投入	专利总数	专利总数
研发支出	0.1680***	0.0707	0.3450***	0.1690***	0.1190***
	(0.0163)	(0.0469)	(0.0192)	(0.0160)	(0.0157)
资本劳动比	0.0266	0.2890***	0.0216	0.0108	0.0106
	(0.0203)	(0.0891)	(0.0276)	(0.0174)	(0.0159)
规模	0.1020***	0.3410***	0.3270***	0.1020***	0.0556**
	(0.0283)	(0.0758)	(0.0354)	(0.0291)	(0.0243)
工资水平	-0.0275	0.0841	0.0240	-0.0177	-0.0263
	(0.0273)	(0.114)	(0.0382)	(0.0242)	(0.0276)
技术水平	0.1550**	-0.0941	0.0624	0.1680*	0.1650*
	(0.0741)	(0.3110)	(0.0860)	(0.0878)	(0.0852)
国有企业	0.0659	-0.5880	-0.0635	0.1270	0.1280
	(0.0892)	(0.4110)	(0.1070)	(0.1060)	(0.1020)
中国港澳台企业	-0.2300*	-0.8160***	-0.2950	-0.2240	-0.2010
	(0.1260)	(0.2130)	(0.1750)	(0.1360)	(0.1280)
外资企业	-0.1980	-0.9040***	-0.2480	-0.1700	-0.1510
	(0.1350)	(0.2980)	(0.2600)	(0.1630)	(0.1640)
地区	Yes	Yes	Yes	Yes	Yes
年份	Yes	Yes	Yes	Yes	Yes
行业	Yes	Yes	Yes	Yes	Yes
观测值	1866	1839	1863	1674	1674
R^2	0.5400	0.1550	0.6590	0.5480	0.5690

注：括号内为使用行业固定效应聚类调整的标准误（cluster standard error），***、** 和 * 分别表示在1%、5%和10%水平上显著。

由于同时加入融资能力、财政激励后，融资能力的系数（0.0012）不显著，本书按照温忠麟、叶宝娟（2014）的做法来判断联合显著性，以判断融资能力是否为影响企业创新绩效的中介变量。本书采用 Bootstrap 法进行检验，结果发现间接效应并不显著（此处略去检验结果），表明融资的中介效应可能不存在，融资能力在促进企业财务绩效提升中的作用并未得到充分发挥。同样表明，财政激励对企业融资的信号机制的建立是一个长期的过程，其对于创新绩效影响的滞后效果更加明显，因而这一类中介效应还有待加强。

同样的,本书对样本分研发投入高低进行分组,以区分不同样本组研发促进企业创新绩效提升的力度。表7-7为区分高、低研发投入组别的中介效应回归结果。在高研发投入的组别中,同时加入财政激励、企业研发投入时,相关回归系数均在1%的显著性水平上显著,且计算出来的中介效应由上述全样本回归中的18.67%上升至22.99%,说明在研发活跃的企业中,研发投入可以发挥更大的创新绩效促进作用。在低研发投入组中,加入主解释变量前后,中介变量研发投入的系数均不显著,表明中介效应可能不存在。以上分样本回归结果表明,研发投入只有在研发活跃的企业才能有效发挥其中介作用,在研发消极的企业,研发投入与创新的关联度较弱。以上分样本回归结果同样表明,只有在企业积极进行内在研发活动时,财政激励才能充分发挥其创新绩效提升作用。

表7-7　　　　财政激励、研发投入与创新绩效(分样本)

		被解释变量		
		专利总数	研发投入	专利总数
高研发投入组 $N=813$	科技创新激励总额	0.1890***	0.1320***	0.1260***
		(0.0305)	(0.0412)	(0.0433)
	研发投入			0.2850***
				(0.0667)
	控制变量	Yes	Yes	Yes
	R^2	0.4780	0.6580	0.5740
低研发投入组 $N=972$	科技创新激励总额	0.0407*	0.1120*	0.0263
		(0.0223)	(0.0609)	(0.0380)
	研发投入			0.0198
				(0.0465)
	控制变量	Yes	Yes	Yes
	R^2	0.2150	0.3430	0.2390

注:括号内为使用行业固定效应聚类调整的标准误(cluster standard error),***、**和*分别表示在1%、5%和10%水平上显著。

第四节 本章小结

通过理论梳理，本书发现财政激励主要通过融资机制、投资机制以及研发机制这三大机制对于企业绩效发挥作用。具体而言，财政激励有助于缓解企业融资约束，有利于企业更好地进行融资活动，同时可以为企业创新投资提供重要的融资支持；财政激励优化了企业投资的外部环境，使得企业更有信心进行投资，同时刺激企业更多进行技术提升（如购买机器设备、数控机器等），促进企业进行投资；财政激励提供了企业进行研发活动的资金，使得企业研发活动占用的经营活动的资金有所缓解，从而增加了企业经营活动的现金流，同时刺激企业增加创新投入（如研发投入、人员投入等），有助于企业生产及创新绩效的改善。

本书还分别对以上三种影响机制进行了实证检验，实证检验结果表明财政激励主要通过投资能力这一中介机制提升企业的财务绩效；财政激励影响企业生产率绩效，是通过刺激企业加大投资以及研发行为进行的，同时相比于投资能力，研发投入发挥了更为重要的中介效应作用，对于企业全要素生产率的提升起到了重要作用；财政激励对企业创新绩效的影响主要是通过刺激企业加大研发投入进行的。财政激励对企业融资的信号机制的建立是一个长期的过程，其对于企业绩效的影响可能存在着滞后，因而这一类中介效应的作用发挥还需经历一个较长的过程。同时，分样本回归结果表明，投资能力、研发投入只有在投资、研发活跃的企业才能有效发挥其中介作用，在投资、研发消极的企业，其投资及研发能力与企业各类绩效的关联度较弱。以上结果表明，政府为企业提供的财政补助资金，只有在企业积极进行内在研发及投资活动时，才能充分发挥其绩效提升作用。

第八章

研究结论与政策启示

第一节 研究结论

随着经济进入新常态发展阶段,财政激励的政策效果如何,应实施怎样的财政激励政策,不仅关系国民经济产出质量和效益的提升,对于国家产业竞争力的提升更是至关重要。本书在梳理财政激励影响企业绩效文献的基础上,使用一手的"中国企业—劳动力匹配调查"(CEES)数据,对我国当前财政激励政策与企业绩效的相关指标进行统计,计量检验了财政激励对于企业绩效的影响,实证研究解释财政激励对企业绩效的影响机制。

一、财政激励对企业绩效具有正向促进作用

本书依据2013—2015年"中国企业—劳动力匹配调查"(CEES)数据,针对财政激励对于企业财务绩效、生产率绩效、创新绩效的影响进行多指标、多维度的计量检验。通过稳健性分析,本书发现在控制企业规模、资本劳动比、技术水平、所有制类型、工资水平,以及时间、地点、行业等因素之后,财政激励均对企业的总资产收益率及净资产收益率产生了显著正向影响,说明财政激励对于企业财务绩效提升发挥了正向促进作用。同样的,通过稳健性分析,本书得出财政激励显著正向影响着企业的全要素生产率。通常认为,生产率与利润率之间呈现显著的正相关关系,而财政激励对于企业生产率、资产收益率的影响均显著为正,体现了回归结果的一致性。同时,财政激励对于全要素生产率的影响系数要高于两个财务绩效指标,说明财政激励在提升企业技术效率上发挥了较为重要的作用。

本书还发现财政激励对于企业获批的专利总数具有显著正向影响,同时是否获得科技创新激励对于企业新产品销售额、新产品销售比例均有显著正向影响。说明获得财政激励对于企业专利数量以及新产品销售的增加

都有促进作用。由于财政激励对企业绩效的影响可能受到企业自身技术水平以及其他不可观测因素的影响，二者之间可能并不是简单的线性关系，本书进一步进行分位数回归以观测财政激励对于企业绩效的影响。分位数回归结果表明，财政激励对于中低财务绩效水平、低生产率水平、低创新水平企业的促进作用更强，说明相比于已具备较高财务绩效、生产率绩效水平、创新水平的企业，财政激励更能提升中低绩效水平企业的绩效水平和创新能力。

二、财政激励对企业创新能力的提升作用有待加强

实证结果表明，财政激励显著正向影响着企业创新绩效，但这种创新绩效的提升主要体现在专利总数以及非发明专利数上，对发明专利数的提升效果并不明显。说明在财政激励的刺激下，企业专利数量的提升更多是非发明专利而不是发明专利。对于国外专利数而言，科技创新对于其影响虽系数较小但显著为负。说明财政激励对于企业专利的促进作用更多体现在推动企业国内专利数量提升上，并在某种程度上抑制了企业国外专利数的获得。这与已有学者的研究结论相一致，也即专利激励政策的影响主要集中在实用新型和外观设计这两类专利，而发明专利并未受到专利激励政策的显著影响。究其原因，可能是政府对于不同类型专利的审查形式不一样。相比于非发明专利，发明专利在中国需进行实质审查（即对质量进行审核），审查时间较长，其从申请到进行实质审查最长可达 3 年，因而其授权率要低于非发明专利。同时，由于实用新型和外观设计专利在申请过程中只需经过形式审查，而形式审查基本不涉及对质量的审核，因而在中国，非发明专利更容易得到授权，更容易满足企业达到财政激励申请条件的需要。

同时，财政激励对于新产品的产出并未发挥同样的政策效果。一方面，科技创新激励总额对于企业新产品销售销售额、新产品销售的影响系数为正，但并不显著。说明获得财政激励对于企业新产品销售产生了提升作用，而财政激励金额的增加并未对企业新产品销售产生显著作用。另一

方面，从科技创新激励的分项来看，高新技术激励对于专利总数、新产品销售比例都有显著正向影响；技改资金对于专利总数、新产品销售比例均有正向影响，但并不显著。此外，环保项目激励、新能源项目激励对于企业创新绩效并没有发挥明显的促进作用。可能的解释是，政府环保项目激励、新能源项目激励对于企业有明确的设备购买、排放减少等方面的硬性要求，对于企业专利、新产品的提升的作用并不显著。

三、财政激励对于企业绩效的影响具有显著异质性

依据2016年"中国企业—劳动力匹配调查"（CEES）数据，本书就我国当前财政激励政策与企业绩效的相关指标进行描述性统计，并基于不同的企业、行业特征梳理相关指标的异质性结果。通过数据分析，本书发现在全部样本企业中，获得科技创新激励的企业占比远低于获得财政激励的企业占比。科技创新激励更多针对于科技创新型企业，以及企业的自主研发、高新技术成果转化等行为，具有较强的技术要求，使得获得的企业数量相对而言较少。从企业性质来看，政府对于国有企业的财政扶持力度要高于民营企业以及外资企业；从企业规模来看，相比于小型企业，大中型企业在获得财政激励上具有更大的优势；从企业出口类型来看，一般贸易企业能够获得更多的财政激励，相比于非出口企业，出口企业能够享受到国家更多的财政、税收方面的优惠政策，因而更容易获得财政激励；从行业分布来看，对于电子设备行业等新兴行业以及化工业等大型企业集中的行业，政府拨付的财政激励要多于皮革与纺织业等中小型企业集中的行业。

进一步的实证结果表明，财政激励对企业绩效的影响在不同特质的企业中具有较大的异质性。从不同性质企业的分组结果来看，财政激励对于国有企业、中国港澳台企业能够发挥更大的财务绩效提升作用，而对于民营企业能够发挥更大的生产率绩效以及创新绩效提升作用；从不同规模企业的分组情况来看，对于小型企业，财政激励对其资产收益率、全要素生产率的提升有着显著正向影响，而这一影响在中性及大型企业中并不显

著，说明财政激励在小型企业中能够发挥更大的绩效促进作用。特别地，从创新绩效来看，科技创新激励对于中型及小型企业均能发挥较大的绩效促进作用。从不同出口类型的企业分组来看，财政激励对于非出口企业的财务及创新绩效、一般贸易企业的创新绩效、加工贸易企业的生产率绩效均具有正向提升作用。从企业所属的不同行业分组来看，对于规模较小、资本相对缺乏的行业中的企业，财政激励对其资产收益率提升起到了正向促进作用；对于电子设备这一行业而言，财政激励对其全要素生产率提升发挥了正向促进作用，而对于传统行业，如食品及金属行业，这一正向效应并不显著，甚至对于机械设备制造业产生了负向影响；科技创新激励对于大部分行业的企业均产生了绩效提升作用，特别是对于电子设备行业这一新兴行业产生了显著影响，可见，科技创新激励的政策效果得到了较好的发挥。以上分组结果表明，财政激励对于不同出口类型以及不同行业企业的异质性影响较为明显。

四、企业内在发展活力是财政激励发挥作用的关键

为从实证角度检验财政激励影响企业绩效的基本路径，本书重点介绍财政激励影响企业财务绩效、生产率绩效、创新绩效的具体机制。通过理论分析，对融资机制、投资机制及研发机制等三大机制进行梳理，本书发现财政激励主要通过这三大机制对于企业绩效发挥作用。具体而言，财政激励有助于缓解企业融资约束，有利于企业更好地进行融资活动，同时可以为企业创新投资提供重要的融资支持；财政激励优化了企业投资的外部环境，使得企业更有信心进行投资，同时刺激企业更多进行技术提升（如购买机器设备、数控机器等），促进企业进行投资；财政激励提供了企业进行研发活动的资金，使得企业研发活动占用的经营活动的资金有所缓解，从而增加了企业经营活动的现金流，同时刺激企业增加创新投入（如研发投入、人员投入等），有助于企业生产及创新绩效的改善。

本书还分别对以上三种影响机制进行了实证检验，检验结果表明财政激励主要通过投资能力这一中介机制提升企业的财务绩效；财政激励影响

企业生产率绩效，是通过刺激企业加大投资以及研发行为进行的，同时相比于投资能力，研发投入发挥了更为重要的中介效应作用，对于企业全要素生产率的提升起到了重要作用；财政激励对企业创新绩效的影响主要是通过刺激企业加大研发投入进行的。财政激励下企业融资信号机制的建立是一个长期的过程，其对于企业绩效的影响可能存在着滞后，因而这一类中介效应的作用发挥还需经历一个较长的过程。同时，分样本回归结果表明，投资能力、研发投入只有在投资、研发活跃的企业才能有效发挥其中介作用，在投资、研发消极的企业，其投资及研发能力与企业各类绩效的关联度较弱。以上实证结果表明，企业自身投资、研发活力是财政激励发挥作用的关键。要切实发挥财政激励的政策效果，必须打破现有企业依赖财政激励的现状，激发企业自身进行生产及研发的内在动力。

第二节　政策建议

新常态背景下，财政激励对于企业投入—产出水平、技术效率、创新效率提升均发挥了正向促进作用，这种促进作用在不同特征、不同发展阶段的企业内发挥着不同的效果。为进一步发挥财政政策的影响效应，提升其对企业、行业及国家的正向影响，本书提出以下政策建议：

第一，充分发挥"看得见的手"在企业绩效提升中的作用。本书的研究结论表明，财政激励显著提升了企业的绩效水平。财政激励作为一种重要的激励政策，具有针对性强、效果直观等特点，在一定程度上能够对企业的经营与发展产生正向促进作用，引导和推动产业发展。因此，要通过制定和调整财政政策，使其成为激励经营与发展的辅助性政策。一方面，通过多样化的财政激励政策组合调动企业进行经营与研发投入的积极性，发挥其引导和杠杆作用。通过针对性更强的财政激励政策，引导经济资源的合理配置，激励企业更多进行长期性的经营及研发投入。另一方面，由于过度的财政激励并不能对企业绩效起到更好地促进效果，因而应注意调整财政激励的金额和财政激励阶段，加大财政激励资金在企业经营及研发初始阶段的作用力度。同时，探讨财政激励与其他激励政策相结合的机制，如与知识产权保护机制相配套，培养企业进行自主创新的积极性和主动性，减轻企业对于财政激励的过度依赖。

第二，针对不同特征的企业采用差异化的财政激励政策，提升财政激励的公平性。实证结果表明，财政激励在不同性质及特征的企业中产生了差异化的影响效果，意味着财政激励的政策应更具有差异化和针对性，更加公平。针对目前财政激励较为倾向于国有企业、大型企业的现状，应进一步加大对民营企业的政策扶持，特别是财政资金的扶持，激发其发展和研发创新活力。同时，对于财政激励效果发挥更好的中小企业给予更多的财政激励政策倾斜，不仅加大对这一类企业的财政激励力度，更要引导其基于内在优势和发展方向进行更好的创新活动，形成长期性的创新氛围。根据企业所属产业情况，对于重大战略性产业和一般产业可考虑分别采用"前补"和"后补"政策。为避免企业将财政激励资金用于非生产性行为或者其他非创新行为，可考虑将位于一般产业企业的事前补助方式改成事后补助，根据生产及研发效果来确定财政激励的对象和金额，以更加严格的政策评估督促其创新。

第三，进一步加强对财政激励资金的监督与管理。加强对补助资金使用效率的考核与评价，特别是以发明专利数衡量的实质性科技创新产出的考核。由于考核机制不完善，企业出于片面追求经济效益最大化的需要，可能会通过"寻租"或过度申请非发明专利等行为，来迎合政府相关的财政激励政策。因此，应建立健全财政激励的监管、评估、追踪与反馈机制，进一步准确把握财政政策的实施效果。同时，创新财政激励的成果评价机制，除以专利数量等作为验收成果外，还需建立创新绩效综合评估体系，重点对发明专利数、国外专利数等进行审核，着重对企业采用购买等方式来应对审核的情形进行严格控制。此外，对作为评估对象的企业进行划分，对具备较强自主创新能力的企业进行更加严格的审核，而对于自主能力较差的中小型企业可以通过适当放宽审核期限等方式，给予其更多进行自主创新的时间。

第四，建立财政激励政策的退出机制。对于财政激励实行绩效评价，对绩效表现差的财政激励进行减少或者停补。财政激励不是一味地"一刀切",而应根据财政激励的效果进行奖励或惩处,扭转过度财政激励所带来的激励效果差的问题,对于骗取激励资金、创新成果或绩效与预期目标相差过大的企业,以及将大量激励资金用于非生产性行为的企业,以减少、停止或收回激励资金的方式给予其相应的惩罚。同时,定期检查创新项目实施进度以及财政资金使用方法和动态,对财政激励实施的阶段性成果进行定期或不定期的效果评价,评估该项目继续实施的可行性,更加严格地限定成果审核期限及形式,约束并督促企业行为。将定期或不定期评估结果作为最终考核财政激励效果的依据,根据这一评估结果来减少或增加后续企业财政激励的金额,将其作为未来该企业是否能继续获得财政激励的依据。

第五,建立激发企业内在发展活力的财政激励机制。财政激励影响企业绩效的机制分析表明,企业自身投资、研发活力是财政激励发挥作用的关键。要切实发挥财政激励的政策效果,必须打破现有企业依赖财政激励的现状,激发企业自身进行生产及研发的内在动力。这意味着是否给予某一企业财政激励以及给予金额的多少要与企业的未来内在发展活力相关,而非企业目前所表现出来的经营状况。具体而言,对于那些处在成长期、初创期的难以按照一般标准申请到财政激励的企业,依照一定的标准评价其未来发展潜力,同意其以相对较低的标准进行激励申请。同时,实行差异化和对比式的考核方式,不仅对于财政激励的经济效果进行定量化评价,还要对同一类型的企业进行对比考核,建立起资金使用的竞争机制,对于考核效果相对更好的企业进行物质或非物质奖励,激发其提升财政资金使用效率的积极性。

第三节 研究展望

作者在本书写作过程中做了较为充分的准备工作,搜集了较为充分的文献资料及数据,受到理论水平和研究条件的限制,还存在着一定的不足，在今后的研究中还应进一步完善。

（1）本书在检验财政激励的政策效果时，未能从动态的视角研究财政激励对企业的生产及创新是否有动态影响关系。由于本书所使用的数据期间为2013—2015年，未能形成长时段的面板数据，未来可进一步扩大样本范围，进行长时间维度的数据匹配，使得研究结论的说服力更为真实可靠。

（2）为了识别财政激励与企业绩效之间的因果效应，本书所采用的工具变量主要为除本企业外的行业平均财政激励金额，关于工具变量的选择还有较大的改进空间。在未来的研究中，应考虑使用其他与企业绩效因果性更强、时间跨度更大的指标作为其工具变量，并通过双重差分等方法，提升本书的因果效应。

（3）本书没有区分财政激励的具体方式在一定程度上限制了本书的深度，未来可以从财政激励和税收优惠两个角度分别展开研究，并加以比较分析，从而提出更加有针对性的政策建议。

参考文献

[1] 安体富,郭庆旺.内生增长理论与财政政策 [J].财贸经济,1998 (11):25-32.

[2] 庇古.福利经济学 [M].北京:华夏出版社,2007.

[3] 步丹璐,郁智.政府补助给了谁:分布特征实证分析——基于2007~2010年中国上市公司的相关数据 [J].财政研究,2012 (8):58-63.

[4] 蔡海亚,徐盈之.贸易开放是否影响了中国产业结构升级? [J].数量经济技术经济研究,2017 (10):3-22.

[5] 曹平,王桂军.选择性产业政策、企业创新与创新生存时间——来自中国工业企业数据的经验证据 [J].产业经济研究,2018 (4):26-39.

[6] 曹勇.高技术产业技术创新投入对创新绩效影响的实证研究——基于全产业及其下属五大行业面板数据的比较分析 [J].科研管理,2012,33 (9):22-31.

[7] 陈冬华,李真,新夫.产业政策与公司融资——来自中国的经验证据 [C].2010中国会计与财务研究国际研讨会论文集.2010.

[8] 陈劲,陈钰芬.企业技术创新绩效评价指标体系研究 [J].科学学与科学技术管理,2006 (3):86-91.

[9] 成力为,朱孟磊,李翘楚.政府补贴对企业R&D投资周期性的影响研究——基于融资约束视角 [J].科学学研究,2017,35 (8):1221-1231.

[10] 崔宝玉.政府规制、政府俘获与合作社发展 [J].南京农业大学学报(社会科学版),2014 (5):26-33.

[11] 池仁勇.企业技术创新效率及其影响因素研究 [J].数量经济

技术经济研究,2003(6):105-108.

[12] 耿强,胡睿昕. 企业获得政府补贴的影响因素分析——基于工业企业数据库的实证研究[J]. 审计与经济研究,2013(6):80-90.

[13] 高建,汪剑飞,魏平. 企业技术创新绩效指标:现状、问题和新概念模型[J]. 科研管理,2004(S1):14-22.

[14] 高翔,刘啟仁,黄建忠. 要素市场扭曲与中国企业出口国内附加值率:事实与机制[J]. 世界经济,2018,41(10):26-50.

[15] 郭强. 地方政府经济干预行为的经济学解释[J]. 财经研究,2005,31(9):5-16.

[16] 韩超,肖兴志,李姝. 产业政策如何影响企业绩效:不同政策与作用路径是否存在影响差异?[J]. 财经研究,2017,43(1):122-133.

[17] 胡浩志,黄雪. 寻租、政府补贴与民营企业绩效[J]. 财经问题研究,2016(9):107-112.

[18] 胡健,董春诗. 政府财政补贴与自然资源产业集聚——对克鲁格曼CP模型的拓展[J]. 当代经济科学,2012(4):43-48.

[19] 黄先海,宋学印,诸竹君. 中国产业政策的最优实施空间界定——补贴效应、竞争兼容与过剩破解[J]. 中国工业经济,2015(4):57-69.

[20] 姜国华,饶品贵. 宏观经济政策与微观企业行为拓展——会计与财务研究新领域[J]. 会计研究,2011(3):9-18.

[21] 江飞涛,耿强,吕大国,李晓萍. 地区竞争、体制扭曲与产能过剩的形成机理[J]. 中国工业经济,2012(6):44-56.

[22] 江飞涛,李晓萍. 直接干预市场与限制竞争:中国产业政策的取向与根本缺陷[J]. 中国工业经济,2010(9):26-36.

[23] 江小涓. 产业政策实际效果的初步评价[J]. 社会科学辑刊,1996(1):53-57.

[24] 康凌翔. 基于地方政府产业政策干预的产业转型升级模型[J]. 首都经济贸易大学学报,2016,18(1):58-66.

[25] 康志勇. 融资约束、政府支持与中国本土企业研发投入[J]. 南开管理评论,2013,16(5):61-70.

[26] 黎文靖, 郑曼妮. 实质性创新还是策略性创新？——宏观产业政策对微观企业创新的影响 [J]. 经济研究, 2016, 51 (4): 60-73.

[27] 黎文靖, 李耀淘. 产业政策激励了公司投资吗 [J]. 中国工业经济, 2014 (5): 122-134.

[28] 李力行, 申广军. 经济开发区、地区比较优势与产业结构调整 [J]. 经济学 (季刊), 2015, 14 (3): 885-910.

[29] 李永友, 叶倩雯. 政府科技创新补贴的激励效应及其机制识别——基于企业微观数据的经验研究 [J]. 财经论丛, 2017 (12): 24-34.

[30] 李扬. 财政补贴经济分析 [M]. 上海: 格致出版社, 2017.

[31] 李兆友, 齐晓东, 刘妍. 新能源汽车产业政府 R&D 补贴效果的实证研究 [J]. 东北大学学报 (社会科学版), 2017, 19 (04): 356-363, 370.

[32] 李左峰, 张铭慎. 政府科技项目投入对企业创新绩效的影响研究——来自我国 95 家创新型企业的证据 [J]. 中国软科学, 2012 (12): 123-132.

[33] 林洲钰, 林汉川, 邓兴华. 所得税改革与中国企业技术创新 [J]. 中国工业经济, 2013 (3): 111-123.

[34] 刘春红, 张文君. 经济周期波动与融资约束的动态调整 [J]. 中央财经大学学报, 2013 (12): 37-42.

[35] 刘浩. 上市公司政府补助的会计规范——对沪市一起案例的研究 [J]. 证券市场导报, 2002 (7): 38-41.

[36] 柳光强, 杨芷晴, 曹普桥. 产业发展视角下税收优惠与财政补贴激励效果比较研究——基于信息技术、新能源产业上市公司经营业绩的面板数据分析 [J]. 财贸经济, 2015, 36 (8): 38-47.

[37] 刘小元、林嵩. 地方政府行为对创业企业技术创新的影响——基于技术创新资源配置与创新产出的双重视角 [J]. 研究与发展管理, 2013, 25 (5): 12-25.

[38] 龙成武. 大揭秘: 企业如何获得政府财税支持 [M]. 北京: 人民日报出版社, 2015.

[39] 龙小宁,王俊. 中国专利激增的动因及其质量效应 [J]. 世界经济, 2015 (6): 115 – 142.

[40] 娄贺统,徐恬静. 税收激励对企业技术创新的影响机理研究 [J]. 研究与发展管理, 2008, 20 (6): 88 – 94.

[41] 马文聪,侯羽,朱桂龙. 研发投入和人员激励对创新绩效的影响机制——基于新兴产业和传统产业的比较研究 [J]. 科学学与科学技术管理, 2013, 34 (3): 58 – 68.

[42] 孟辉,白雪洁. 新兴产业的投资扩张、产品补贴与资源错配 [J]. 数量经济技术经济研究, 2017 (6): 20 – 36.

[43] 孟艳. 科技金融关键政策工具视角中的科技型中小企业技术创新基金 [J]. 经济研究参考, 2015 (7): 42 – 49.

[44] 孟庆玺,尹兴强,白俊. 产业政策扶持激励了企业创新吗?——基于"五年规划"变更的自然实验 [J]. 南方经济, 2016 (12): 1 – 25.

[45] 潘越,戴亦一,李财喜. 政治关联与财务困境公司的政府补助——来自中国ST公司的经验证据 [J]. 南开管理评论, 2009, 12 (5): 6 – 17.

[46] 彭中文,文亚辉,黄玉妃. 政府补贴对新能源企业绩效的影响:公司内部治理的调节作用 [J]. 中央财经大学学报, 2015 (7): 80 – 85.

[47] 邵敏,包群. 地方政府补贴企业行为分析:扶持强者还是保护弱者? [J]. 世界经济文汇, 2011 (1): 56 – 72.

[48] 邵敏,包群. 政府补贴与企业生产率——基于我国工业企业的经验分析 [J]. 中国工业经济, 2012 (7): 70 – 82.

[49] 桑瑜. 社会收益内化:财政补贴与市场机制的比较与选择 [J]. 财政研究, 2018 (10): 35 – 41.

[50] 宋凌云,王贤彬. 重点产业政策、资源重置与产业生产率 [J]. 管理世界, 2013 (12): 63 – 77.

[51] 苏振东,洪玉娟,刘璐瑶. 政府生产性补贴是否促进了中国企业出口?——基于制造业企业面板数据的微观计量分析 [J]. 管理世界, 2012 (5): 24 – 42.

[52] 孙晓华, 王昀, 郑辉. R&D 溢出对中国制造业全要素生产率的影响——基于产业间、国际贸易和 FDI 三种溢出渠道的实证检验 [J]. 南开经济研究, 2012 (05): 18-35.

[53] 谭劲松, 冯飞鹏, 徐伟航. 产业政策与企业研发投资 [J]. 会计研究, 2017 (10): 58-64, 97.

[54] 唐清泉, 罗党论. 政府补贴动机及其效果的实证研究——来自中国上市公司的经验证据 [J]. 金融研究, 2007 (6a): 149-163.

[55] 王凤翔, 陈柳钦. 地方政府为本地竞争性企业提供财政补贴的理性思考 [J]. 经济研究参考, 2006 (33): 18-23.

[56] 王克敏, 刘静, 李晓溪. 产业政策、政府支持与公司投资效率研究 [J]. 管理世界, 2017 (3): 113-124, 145, 188.

[57] 王遂昆, 郝继伟. 政府补贴、税收与企业研发创新绩效关系研究——基于深圳中小板上市企业的经验证据 [J]. 科技进步与对策, 2014 (9): 92-96.

[58] 王蓉. 政企关系、政府补助动机及其实施效果文献综述 [J]. 财会通讯, 2011 (9): 100-101, 118.

[59] 王薇, 艾华. 政府补助、研发投入与企业全要素生产率——基于创业板上市公司的实证分析 [J]. 中南财经政法大学学报, 2018 (5): 88-96.

[60] 魏志华, 吴育辉, 李常青等. 财政补贴, 谁是"赢家"——基于新能源概念类上市公司的实证研究 [J]. 财贸经济, 2015 (10): 73-86.

[61] 万伦来, 郭冬亮. 政府补贴、市场进入壁垒对民营企业绩效的影响——基于中国民营上市公司的实证研究 [J]. 工业技术经济, 2016, 35 (9): 92-99.

[62] 温素彬, 李慧, 焦然. 企业文化、利益相关者认知与财务绩效——多元资本共生的分析视角 [J]. 中国软科学, 2018, 328 (4): 118-127.

[63] 温忠麟, 刘红云, 侯杰泰. 调节效应和中介效应分析 [M]. 北京: 教育科学出版社, 2012.

[64] 温忠麟, 叶宝娟. 中介效应分析: 方法和模型发展 [J]. 心理

科学进展, 2014, 22 (5): 731-745.

[65] 吴成颂, 钱春丽, 张礼娟. 政府补贴对制造企业绩效的影响 [J]. 商业研究, 2015 (4): 9-16.

[66] 肖兴志, 王伊攀. 政府补贴与企业社会资本投资决策——来自战略性新兴产业的经验证据 [J]. 中国工业经济, 2014 (9): 148-160.

[67] 邢会, 王飞, 高素英. 政府补助促进企业实质性创新了吗——资源和信号传递双重属性协同视角 [J]. 现代经济探讨, 2019 (3): 57-64.

[68] 谢晓波, 黄炯. 长三角地方政府招商引资过度竞争行为研究 [J]. 技术经济, 2005 (8): 70-72.

[69] 杨东宁, 周长辉. 企业环境绩效与经济绩效的动态关系模型 [J]. 中国工业经济, 2004 (04): 43-50.

[70] 杨飞, 孙文远, 程瑶. 技术赶超是否引发中美贸易摩擦. 中国工业经济, 2018 (10): 99-117.

[71] 杨皖苏, 杨善林. 中国情境下企业社会责任与财务绩效关系的实证研究——基于大中小型上市公司的对比分析 [J]. 中国管理科学, 2016, 24 (01): 143-150.

[72] 杨蓉, 刘婷婷, 高凯. 产业政策扶持、企业融资与制造业企业创新投资 [J]. 山西财经大学学报, 2018, 40 (11): 41-51.

[73] 杨晔, 王鹏, 李怡虹, 杨大楷. 财政补贴对企业研发投入和绩效的影响研究——来自中国创业板上市公司的经验证据 [J]. 财经论丛, 2015 (1): 24-31.

[74] 杨洋, 魏江, 罗来军. 谁在利用政府补贴进行创新?——所有制和要素市场扭曲的联合调节效应 [J]. 管理世界, 2015 (1): 75-86.

[75] 叶陈刚, 裘丽, 张立娟. 公司治理结构、内部控制质量与企业财务绩效 [J]. 审计研究, 2016 (2): 104-112.

[76] 尹华, 周任远, 孙元欣. 创新促进了加工贸易转型升级吗?——来自中国海关产品出口层面的证据 [J]. 现代经济探讨, 2018 (4): 34-42.

[77] 尹翔硕, 陈陶然. 不同贸易方式出口企业的生产率与利润——基于异质性企业理论的微观实证分析 [J]. 世界经济文汇, 2015 (4): 44-60.

[78] 余东华, 吕逸楠. 政府不当干预与战略性新兴产业产能过剩——以中国光伏产业为例 [J]. 中国工业经济, 2015 (10): 53-68.

[79] 余明桂, 范蕊, 钟慧洁. 中国产业政策与企业技术创新 [J]. 中国工业经济, 2016 (12): 5-22.

[80] 张纯, 潘亮. 转型经济中产业政策的有效性研究——基于我国各级政府利益博弈视角 [J]. 财经研究, 2012 (12): 85-94.

[81] 张华容, 薛新红. 购买国外专利技术与企业自主研发的协同效应研究 [J]. 国际商务 (对外经济贸易大学学报), 2017 (5): 150-160.

[82] 张慧明, 蔡银寅. 中国制造业如何走出"低端锁定"——基于面板数据的实证研究 [J]. 国际经贸探索, 2015, 1 (1): 52-65.

[83] 张杰, 周晓艳, 李勇. 要素市场扭曲抑制了中国企业R&D? [J]. 经济研究, 2011 (8): 78-91.

[84] 张同斌, 高铁梅. 财税政策激励、高新技术产业发展与产业结构调整 [J]. 经济研究, 2012, 47 (5): 58-70.

[85] 张洪辉. 财政补贴的行业特征: 来自上市公司的经验证据 [J]. 中央财经大学学报, 2014 (10): 3-9.

[86] 赵中华, 鞠晓峰. 技术溢出、政府补贴对军工企业技术创新活动的影响研究——基于我国上市军工企业的实证分析 [J]. 中国软科学, 2013 (10): 124-133.

[87] 钟凯, 吕洁, 程小可. 内部控制建设与企业创新投资: 促进还是抑制? ——中国"萨班斯"法案的经济后果 [J]. 证券市场导报, 2016 (9): 30-38.

[88] 朱乃平, 朱丽, 孔玉生, 沈阳. 技术创新投入、社会责任承担对财务绩效的协同影响研究 [J]. 会计研究, 2014 (02): 57-63, 95.

[89] 周黎安. 晋升博弈中政府官员的激励与合作——兼论我国地方保护主义和重复建设问题长期存在的原因 [J]. 经济研究, 2004 (6): 33-40.

[90] 周亚虹, 蒲余路, 陈诗一, 方芳. 政府扶持与新型产业发展——以新能源为例 [J]. 经济研究, 2015 (6): 147-161.

[91] 朱平芳, 徐伟民. 政府的科技激励政策对大中型工业企业 R&D 投入及其专利产出的影响——上海市的实证研究 [J]. 经济研究, 2003 (6): 45-53, 94.

[92] 邹彩芬, 许家林, 王雅鹏. 政府财税补贴政策对农业上市公司绩效影响实证分析 [J]. 产业经济研究, 2006 (3): 57-63.

[93] Aerts K, Schmidt T. Two for the price of one? On additionality effects of R&D subsidies: A comparison between Flanders and Germany [J]. Research Policy, 2006, 37 (5): 806-822.

[94] Acemoglu D, Akcigit U, Bloom N, et al. Innovation, reallocation and growth [J]. Social Science Electronic Publishing, 2013, 23 (1): 205-221.

[95] Aghion P, Dewatripont M, Du L, et al. Industrial policy and competition [J]. Cepr Discussion Papers, 2012, 7.

[96] Andersen E S. Joseph A. Schumpeter: A theory of social and economic evolution [M]. London: Palgrave Macmillan, 2011.

[97] Arrow K. Economic welfare and the allocation of resources for invention [J]. NBER Chapters, 1962, 12: 609-626.

[98] Aschhoff B. The effect of subsidies on R&D investment and success: do subsidy history and size matter? [J]. ZEW Discussion Papers, 2009.

[99] Bacidore J M, Boquist J A, Milbourn T T, et al. The search for the best financial performance measure [J]. Financial Analysts Journal, 1997, 53 (3): 11-20.

[100] Bakker R, Aalborg R, Radicic D, et al. The impact of innovation support programmes on SME innovation in traditional manufacturing industries: an evaluation for seven EU regions [J]. Social Science Electronic Publishing, 2014, 033.

[101] Brueggemann J, Proeger T. The effectiveness of public subsidies for private innovations. An experimental approach [J]. B E Journal of Economic Analysis & Policy, 2017, 17 (4): 1-21.

[102] Baron R M, Kenny D A. The moderator-mediator variable distinc-

tion in social psychological research: conceptual, strategic, and statistical considerations [J]. Journal of Personality and Social Psychology, 1986, 51, 1173 – 1182.

[103] Bellucci A, Pennacchio L, Zazzaro A. Public R&D subsidies: collaborative versus individual place – based programs for SMEs [J]. Small Business Economics, 2018.

[104] Bérubé C, Mohnen P. Are firms that receive R&D subsidies more innovative? [J]. The Canadian Journal of Economics, 2009, 42 (1): 206 –225.

[105] Bernini C, Pellegrini G. How are growth and productivity in private firms affected by public subsidy? Evidence from a regional policy [J]. Regional Science & Urban Economics, 2011, 41 (3): 253 –265.

[106] Blanchard O, Shleifer A. Federalism with and without political centralization: China versus Russia [J]. Imf Staff Papers, 2001, 48 (1): 171 –179.

[107] Blank D, Stigler G. The demand and supply of scientific personnel [R]. National Bureau of Economic Research, 1957.

[108] Branstetter L G, Sakakibara M. When do research consortia work well and why? Evidence from Japanese Panel Data [J]. American Economic Review, 2002, 92 (1): 143 –159.

[109] Breton A. Competitive governments: an economy theory of politics and public finance [M]. New York, Cambridge University Press, 1996: 73 –76.

[110] Buchmann T, Kaiser M. The effects of R&D subsidies and network embeddedness on R&D output: evidence from the German biotech industry [J]. Industry and Innovation, 2018: 1 –26.

[111] Butler E. Public choice – A primer [J]. Social Science Electronic Publishing, 2012.

[112] Bronzini R, Piselli P. The impact of R&D subsidies on firm innovation [J]. Research Policy, 2016, 45 (2): 442 –457.

[113] Bondonio D, Greenbaum R T. Do local tax incentives affect economic growth? What mean impacts miss in the analysis of enterprise zone policies [J]. Regional Science & Urban Economics, 2007, 37 (1): 121 –136.

[114] Cai D, Yang Z, Jiang W, et al. The empirical evidence of the effect on the enterprises R&D from government subsidies, political connections and Rent-Seeking [J]. International Conference on Management Science & Engineering Management, 2017.

[115] Cai H, Fang H, Xu L C. Eat, drink, firms, government: An investigation of corruption from the entertainment and travel costs of Chinese Firms [J]. Journal of Law and Economics, 2011, 54 (1): 55–78.

[116] Cappelen Å, Raknerud A, Rybalka M. The effects of R&D tax credits on patenting and innovations [J]. Discussion Papers, 2008, 41 (2): 334–345.

[117] Carboni O. R&D subsidies and private R&D expenditures: Evidence from Italian manufacturing data [J]. International Review of Applied Economics, 2011, 25 (4): 419–439.

[118] Carlsson B. Industrial subsidies in Sweden: Macro-Economic effects and an international comparison [J]. The Journal of Industrial Economics, 1983, 32 (1): 1–23.

[119] Cerqua A, Pellegrini G. Do subsidies to private capital boost firms' growth? A multiple regression discontinuity design approach [J]. Journal of Public Economics, 2014, 109: 114–126.

[120] Cheng H, Fan H B, Hoshi T, Hu D Z. Do innovation subsidies make Chinese firms more innovative? Evidence from the China Employer Employee Survey [J]. NBER working paper 25432, 2019.

[121] Christiansen J A. Competitive innovation management. London: Macmillan, 2000: 74–75.

[122] Clausen T. Do subsidies have positive impacts on R&D and innovation activities at the firm level? [J]. Structural Change & Economic Dynamics, 2009, 20 (4): 239–253.

[123] Crepon B, Duguet E, and Mairessec J. Research, innovation and productivity: An econometric analysis at the firm level [J]. Economics of Inno-

vation & New Technology, 1998, 7 (2): 115 – 158.

[124] Cimoli M, Giovanni D, Joseph E, et al. Industrial policy and development: The political economy of capabilities accumulation [M]. New York: Oxford University Press, 2009.

[125] Cornaggia J, Mao Y, Tian X, et al. Does banking competition affect innovation? [J]. Journal of Financial Economics, 2015, 115 (1): 189 – 209.

[126] Colombo M G, Croce A, Guerini M. The effect of public subsidies on firms' investment – cash flow sensitivity: Transient or persistent? [J]. Research Policy, 2013, 42 (9): 1605 – 1623.

[127] Criscuolo C, Martin R, Overman H G, et al. The causal effects of an industrial policy [J]. Social Science Electronic Publishing, 2012.

[128] Cull R, Xu L C. Institutions, ownership, and finance: The determinants of profit reinvestment among Chinese firms [J]. Journal of Financial Economics, 2005, 77 (1): 117 – 146.

[129] Czarnitzki D. Research and development in small and medium – sized enterprises: the role of financial constraints and public funding [J]. Scottish Journal of Political Economy, 2006, 53 (3): 23.

[130] David P A, Hall B H, Toole A A. Is public R&D a complement or substitute for private R&D? A review of the econometric evidence [J]. Research Policy, 2000, 29 (4): 497 – 529.

[131] Denison E F. Why growth rates differ: postwar experience in nine western countries [J]. Revue Économique, 1967, 20 (5): 915 – 917.

[132] Domadenik P, Koman M, Prasnikar J. Do governmental subsidies increase productivity of firms? Evidence from a panel of Slovene firms [J]. Drustvena Istrazivanja, 2018, 27 (2): 199 – 220.

[133] Dimos C, Pugh G. The effectiveness of R&D subsidies: A meta – regression analysis of the evaluation literature [J]. Research Policy, 2016, 45 (4): 797 – 815.

[134] Doh S, Kim B. Government support for SME innovations in the re-

gional industries: The case of government financial support program in South Korea [J]. Research Policy, 2014, 43 (9): 1557 – 1569.

[135] Duch N, Daniel M, Mauro M. Evaluating the impact of public subsidies on a firm's performance: A two – stage quasi – experimental approach [J]. Investigaciones Regionales, 2009 (16).

[136] Eckaus R S. China's exports, subsidies to state – owned enterprises and the WTO [J]. China Economic Review, 2006, 17 (1): 1 – 13.

[137] Eggers J P. Falling flat: Failed technologies and investment under uncertainty [J]. Administrative Science Quarterly, 2012, 57 (1): 47 – 80.

[138] Erhardt N L, Werbel J D, Shrader C B. Board of director diversity and firm financial performance [J]. Corporate Governance An International Review, 2010, 11 (2): 102 – 111.

[139] Faccio M. Politically connected firms [J]. American Economic Review, 2006, 96 (1): 369 – 386.

[140] Fang L H, Lerner J, Wu C, Zhang Q. Corruption, government subsidies, and innovation: Evidence from China – Internet appendix [J]. NBER Working Paper 25098, 2018.

[141] Feldstein M. Rethinking the role of fiscal policy [J]. American Economic Review, 2009, 99 (2): 556 – 559.

[142] Fraser D R, Zhang H, Derashid C. Capital structure and political patronage: The case of Malaysia [J]. Journal of Banking and Finance, 2006, 30 (4): 0 – 1308.

[143] Fu Q, Lu J, Lu Y. Incentivizing R&D: Prize or subsidies? [J]. International Journal of Industrial Organization, 2012, 30 (1): 1 – 79.

[144] Fung K M. Is innovativeness a link between pay and performance? [J]. Financial Management, 2009, 38 (2): 411 – 429.

[145] Girma S, Görg H, Strobl E. The effect of government grants on plant level productivity [J]. Economics Letters, 2007, 94 (3): 439 – 444.

[146] González X, Pazó C. Do public subsidies stimulate private r&d

spending? [J]. Research Policy, 2008, 37 (3): 371 – 389.

[147] Griliches Z. R&D and the productivity slowdown [J]. American Economic Review, 1980, 70 (2): 343 – 348.

[148] Grossman G M, Helpman E. Innovation and growth in the global economy [J]. Mit Press Books, 1991, 1 (2): 323 – 324.

[149] Guan J C, Yam R C M. Effects of government financial incentives on firms' innovation performance in China: Evidences from Beijing in the 1990s [J]. Research Policy, 2015, 44 (1): 273 – 282.

[150] Guellec D, Bruno V P D L P. The impact of public R&D expenditure on business R&D [J]. Economics of Innovation and New Technology, 2003, 12 (3): 225 – 243.

[151] Guo B D, Guo Y, Jiang K. Funding forms, market conditions, and dynamic effects of government R&D subsidies: Evidence from China [J]. Economic Inquiry, 2016.

[152] Guo D, Guo Y, Jiang K. Governance and effects of public R&D subsidies: Evidence from China [J]. Social Science Electronic Publishing, 2018.

[153] Hagedoorn J, Cloodt M. Measuring innovative performance: Is there an advantage in using multiple indicators? [J]. Research Policy, 2003, 32 (8): 1365 – 1379.

[154] Hall B H. The financing of research and development [J]. Oxford Review of Economic Policy, 2002a, 18 (1): 35 – 51.

[155] Hall B H. The assessment: Technology policy [J]. Oxford Review of Economic Policy, 2002b, 18 (1): 1 – 9.

[156] Hamberg D. R&D: Essays on the economics of research and development [J]. 1966 (2): 250 – 252.

[157] Harris R I D. The employment creation effects of factor subsidies: Some estimates for Northern Ireland manufacturing industry, 1955 – 83 [J]. Journal of Regional Science, 2010, 31 (1): 49 – 64.

[158] Harris R, Robinson C. Industrial policy in great britain and its effect on total factor productivity in manufacturing plants, 1990 – 1998 [J]. Scottish Journal of Political Economy, 2004, 51 (4): 16.

[159] Harris R, Robinson C. Impact of regional selective assistance on sources of productivity growth: Plant – level evidence from UK manufacturing, 1990 – 98 [J]. Regional Studies, 2005, 39 (6): 751 – 765.

[160] Harris R, Trainor M. Capital subsidies and their impact on Total Factor Productivity: Firm – Level evidence from Northern Ireland [J]. Journal of Regional Science, 2005, 45 (1): 49 – 74.

[161] Hellman T, Perotti E. The circulation of ideas in firms and markets [J]. Working Papers, 2010, 57 (10): 1813 – 1826.

[162] Houthakker H S. Are controls the answer? [J]. Review of Economics & Statistics, 1972, 54 (3): 231 – 233.

[163] Hong J, Feng B, Wu Y, et al. Do government grants promote innovation efficiency in China's high – tech industries? [J]. Technovation, 2016, 57: 4 – 13.

[164] Holmstrom B. Agency costs and innovation [J]. Journal of Economic Behavior & Organization, 1989, 12 (3): 305 – 327.

[165] Hussinger K. R&D and subsidies at the firm level: An application of parametric and semiparametric Two – Step Selection Models [J]. Journal of Applied Econometrics, 2008, 23 (6): 729 – 747.

[166] Jiang C L, Zhang Y, Bu M L, et al. The effectiveness of government subsidies on manufacturing innovation: Evidence from the new energy vehicle industry in China [J]. Sustainability, 2018, 10 (6): 1 – 11.

[167] Lach S. Do R&D subsidies stimulate or displace private R&D? Evidence from Israel [J]. Journal of Industrial Economics, 2002, 50 (4): 369 – 390.

[168] Lee H, Choi B. Knowledge management enablers, processes, and organizational performance: An integrative view and empirical examination [J].

Journal of Management Information Systems, 2003, 20 (1): 179-228.

[169] Leontief W W. Quantitative input and output relations in the economic systems of the United States [J]. Review of Economics & Statistics, 1936, 18 (3): 105-125.

[170] Lerner J. The government as venture capitalist: The long-run impact of the SBIR Program [J]. The Journal of Private Equity, 1999, 72 (3): 285-318.

[171] Levinsohn J, Petrin A. Estimating production functions using inputs to control for unobservables [J]. Review of Economic Studies, 2010, 70 (2): 317-341.

[172] Levy D M, Terleckyj N E. Effects of government R&D on private R&D investment and productivity: A macroeconomic analysis [J]. Bell Journal of Economics, 1983, 14 (2): 551-561.

[173] Leyden D P, Link A N. Why are governmental R&D and private R&D complements? [J]. Applied Economics, 1991, 23 (10): 1673-1681.

[174] Liang X, Lu X, Wang L. Outward internationalization of private enterprises in China: The effect of competitive advantages and disadvantages compared to home market rivals [J]. Journal of World Business, 2012, 47 (1): 134-144.

[175] Li X. Behind the recent surge of Chinese patenting: An institutional view [J]. Research Policy, 2012, 41 (1): 236-249.

[176] Lin J Y. Tan G. Policy burdens, accountability and the soft budget constraint [J]. American Economic Review, 1999, 89: 426-431.

[177] Link A N. An analysis of the composition of R&D spending [J]. Southern Economic Journal, 1982, 49 (49): 342-349.

[178] Keynes J M. The general theory of employment, interest and money [M]. London: Macmillan, 1936.

[179] Koenker R W, Bassett G W. Regression quan-tiles [J]. Econometrica, 1978, 46 (1): 33-50.

[180] Kolko J, Neumark D. Changes in the location of employment and ownership: Evidence from california [J]. Journal of Regional Science, 2010, 48 (4): 717 - 744.

[181] Kornai J. Resource - constrained versus demand - constrained systems [J]. Econometrica, 1979, 47 (4): 801 - 819.

[182] Krueger A O, Tuncer B. Growth of factor productivity in Turkish manufacturing industries [J]. Journal of Development Economics, 1982, 11 (3): 307 - 325.

[183] Marshall A. Principles of economics [M]. London: Macmillan, 1890.

[184] Martin S. Industrial economics: Economic analysis and public policy [M]. Englewood Cliffs: Prentice Hall, 1994.

[185] Mateut S. Subsidies, financial constraints and firm innovative activities in emerging economies [J]. Small Business Economics, 2017.

[186] Meuleman M, Maeseneire D W. Do R&D subsidies affect SMEs' access to external financing? [J]. Research Policy, 2012, 41 (3): 580 - 591.

[187] Moffat J. Regional selective assistance in Scotland: Does it make a difference to plant productivity? [J]. Urban Studies, 2014, 51 (12): 2555 - 2571.

[188] Moretti E, Wilson D J. State incentives for innovation, star scientists, and jobs: Evidence from Biotech. Journal of Urban Economics [J]. 2014, 79 (1): 20 - 38.

[189] Morimoto T. Occupational choice and entrepreneurship: Effects of R&D subsidies on economic growth [J]. Journal of Economics, 2018, 123 (2): 161 - 185.

[190] Narayanan V K, Pinches G E, Lander K D M. The influence of voluntarily disclosed qualitative information [J]. Strategic Management Journal, 2000, 21 (7): 707 - 722.

[191] Nola H D, Stephen R. Output additionality of public support for innovation: Evidence for Irish manufacturing plants [J]. European Planning Stud-

ies, 2010, 18 (1): 107 – 122.

[192] Nzyoka C M. The relationship between total compensation and employee performance in the insurance Iindustry, case of Mayfair Insurance Company Limited [J]. Psychology and Behavioral Sciences, 2016, 5 (1): 20.

[193] Obeng K, Sakano R. The effects of operating and capital subsidies on Total Factor Productivity: A decomposition approach [J]. Southern Economic Journal, 2000, 67 (2): 381 – 397.

[194] Pellegrino G, Piva M, Vivarelli M. Young firms and innovation: A microeconometric analysis [J]. Structural Change & Economic Dynamics, 2012, 23 (4): 329 – 340.

[195] Peneder M. The problem of private under – investment in innovation: A policy mind map [J]. Technovation, 2008, 28 (8): 1 – 530.

[196] Porro G, Salis V. Do local subsidies to firms create jobs? Counterfactual evaluation of an Italian regional experience [J]. Papers in Regional Science, 2017.

[197] Radas S, Anića I D, Tafro A, et al. The effects of public support schemes on small and medium enterprises [J]. Technovation, 2015, 38: 15 – 30.

[198] Rao N. Do tax credits stimulate R&D spending? The effect of the R&D tax credit in its first decade [J]. Journal of Public Economics, 2016, 140: 1 – 12.

[199] Reinthaler V, Wolff G B. The effectiveness of subsidies revisited: Accounting for wage and employment [J]. Research Policy, 2008, 37 (8): 1403 – 1412.

[200] Reynolds C L, Rohlin S M. The effects of location – based tax policies on the distribution of household income: Evidence from the federal Empowerment Zone program [J]. Journal of Urban Economics, 2015, 88: 1 – 15.

[201] Ricardo D. On the principles of political economy and taxation. J. M. Dent & Sons, Dover, 1817.

[202] Romer P M. Endogenous technological change [J]. Nber Working Papers, 1989, 98 (98): 71 – 102.

[203] Romer P M. Dynamic competitive equilibria with externalities, increasing returns and unbounded growth [J]. 1983.

[204] Romer P M. Increasing returns and long – run growth [J]. Journal of Political Economy, 1986, 94: 1002 – 1037.

[205] Rosenbaum P R, Rubin D B. The central role of the propensity score in observational studies for causal effects [J]. Biometrika, 1983, 70: 41 – 55.

[206] Russo C, Goodhue R E, Sexton R J. Agricultural support policies in imperfectly competitive markets: Why market power matters in policy design [J]. American Journal of Agricultural Economics, 2011, 93 (5): 1328 – 1340.

[207] Segerstrom P S. Innovation, imitation, and economic growth [J]. Journal of Political Economy, 1991, 99 (4): 807 – 827.

[208] Schneider C, Veugelers R. On young highly innovative companies: Why they matter and how (not) to policy support them [J]. Industrial and Corporate Change, 2010, 19 (4): 969 – 1007.

[209] Schwartz G, Clements B. Government subsidies [J]. Journal of Economic Surveys, 1999, 13 (2): 119 – 148.

[210] Shleifer A. State versus private ownership [J]. Journal of Economic Perspectives, 1998, 12 (4): 133 – 150.

[211] Shrader C B, Blackburn V B. Women in management and firm financial performance: An exploratory study [J]. Journal of Managerial Issues, 1997, 9 (3): 355 – 372.

[212] Solow R M. Technical change and the aggregate production function [J]. Review of Economics and Statistics, 1957, 39 (3).

[213] Stahl B C, Mcbride N, Wakunuma K, et al. The empathic care robot: A prototype of responsible research and innovation [J]. Technological

Forecasting & Social Change, 2014, 84 (84): 74-85.

[214] Stiglitz J E, Weiss A. Credit rationing in markets with imperfect information [J]. American Economic Review, 1981, 71 (3): 393-410.

[215] Syahreza D S, Lumbanraja P, Dalimunthe R F, et al. Compensation, employee performance, and mediating role of retention: A study of differential semantic scales [J]. European Research Studies Journal, 2017, ×× (4): 151-159.

[216] Tan Y, Tian X, Zhang C, et al. Privatization and innovation: Evidence from a Quasi-Natural experience in China [J]. Social Science Electronic Publishing, 2014.

[217] Takalo T, Tanayama T. Adverse selection and financing of innovation: Is there a need for R&D subsidies? [J]. Journal of Technology Transfer, 2010, 35 (1): 16-41.

[218] Tong T W, He W, He Z L, et al. Patent regime shift and firm innovation: Evidence from the second amendment to China's Patent Law [J]. Academy of Management Annual Meeting Proceedings, 2014, 2014 (1): 14174-14174.

[219] Tzelepis D, Tsekouras K, Skuras D, et al. The effects of ISO 9001 on firms' productive efficiency [J]. International Journal of Operations & Production Management, 2006, 26 (10): 1146-1165.

[220] Tzelepis D, Skuras D. The effects of regional capital subsidies on firm performance: An empirical study [J]. Journal of Small Business and Enterprise Development, 2004, 11 (1): 121-129.

[221] Wei S J, Xie Z, Zhang X B. From "Made in China" to "Innovated in China": Necessity, prospect, and challenges. NBER working paper 22854, 2018.

[222] Wren C, Waterson M. The direct employment effects of financial assistance to industry [J]. Oxford Economic Papers, 1991, 43 (1): 116-138.

[223] Yan Z Q, Li Y. Signaling through government subsidy: Certification or endorsement [J]. Finance Research Letters, 2018, 25: 90 – 95.

[224] Yuji Y, Monica B. Four types of manufacturing process innovation and their managerial concerns [J]. Procedia CIRP, 2013, 7: 479 – 484.

[225] Zhang D, Xu G. Does government subsidy affect firm survival? Evidence from Chinese manufacturing firms [J]. Emerging Markets Finance and Trade, 2018 (1): 1 – 24.

[226] Zhang H, Li L, Zhou D, et al. Political connections, government subsidies and firm financial performance: Evidence from renewable energy manufacturing in China [J]. Renewable Energy, 2014, 63 (1): 330 – 336.

[227] Zúñiga – Vicente, José Ángel, AlonsoBorrego, César, Forcadell F J, et al. Assessing the effect of public subsidies on firm R&D investment: A survey [J]. Journal of Economic Surveys, 2013, 28 (1): 36 – 67.